消費者力アップセミナー

Consumers power up seminar

滝川好夫［著］

大学生のための消費生活リテラシー

税務経理協会

はしがき

【本書名:「消費者力」と「消費生活リテラシー」】

 本書名『消費者力アップセミナー』の「消費者力」は消費者として生きるパワーのことです。「リテラシー」という和製英語は一般的には「何らかの表現されたものを適切に理解・解釈・分析・記述し,改めて表現する」という意味で使われていて,本書では「消費生活リテラシー」を消費生活に関連する事柄を理解し,整理し,活用する能力,つまり商品に関する情報収集・解釈,選択,使用,廃棄の能力と定義しています。「消費生活リテラシー」の欠如は生命,財産,暮らしを危険にさらしかねません。

【コープこうべの永谷晴子さんの言葉:学び合いと実践】

 「コープこうべ」は消費生活協同組合で,コープこうべ「家庭会」の指導者の永谷晴子さんは,「よく知っていると思わないで,まず謙虚に学びましょう。学ぶ心を失ったら,その人の進歩は止まってしまいます。しかし,知ることだけでは行動をおこす力にはなりません。その知識が腑に落ちて,初めて本物の行動力になります。良いとわかったら周りの二人に伝えましょう。そして,ちょっとだけ無理をしても,人の役に立つ喜びを味わいましょう。」と述べています。私は消費者教育にとって最重要なことは「・・・してあげるという上から目線ではなく,お互いに・・・しようという下から目線の教育(学び合い)」と「学びを行動につなげる(実践)」の2つであると思っているので,永谷さんの「良いとわかったら周りの二人に伝えましょう」(学び合い)と「その知識が腑に落ちて,

初めて本物の行動力になります」（実践）は消費者教育の核心を実に見事に言い当てていると思っています。

【消費者教育：消費者の自立支援vs.消費者市民社会への参画】

消費者行政は消費者保護から消費者自立支援へ変わり、「消費者の自立」のためには消費者教育が必要であるとして、2012年12月「消費者教育の推進に関する法律」が施行されました。同法において、消費者教育は「消費者の自立を支援するために行われる消費生活に関する教育」、「消費者が主体的に消費者市民社会の形成に参画することの重要性について理解・関心を深めるための教育」と定義されています。

「消費者の自立を支援するために行われる消費生活に関する教育」は永谷さんの「よく知っていると思わないで、まず謙虚に学びましょう。学ぶ心を失ったら、その人の進歩は止まってしまいます。」（自助）という言葉を実践すればよいもので、それは自らの生命、財産、暮らしを守るために消費生活リテラシーを学ぶことです。

「消費者が主体的に消費者市民社会の形成に参画することの重要性について理解・関心を深めるための教育」は永谷さんの「ちょっとだけ無理をしても、人の役に立つ喜びを味わいましょう。」（共助）という言葉を実践すればよいもので、「消費者市民社会」という堅苦しい用語は"学びを行動につなぎ、より良きことを生きた言葉で周囲に広げる"（山添令子・コープこうべ理事）という消費生活協同組合の原理とまったく一致しています。

私は国の形の基本は自立であり、「公助は自立を損ない、共助は

自立を育む」と考えています。私は消費者にとっての基本は自立であり，上から目線の・・・してあげる式の公助は消費者の自立を損ない，・・・させていただく式の下から目線の共助は消費者の自立を育むと思っているので，「消費者教育の推進に関する法律」は協同組合の精神を有する有意義な法律であると評価しています。まずは謙虚に学んで自立し，次に少し無理をしてでも，人の役に立つようにしましょう。

【謝意：本書は大学生協阪神事業連合の消費者教育事業の１つ】

　本書の第１次草稿は，兵庫県と大学生協阪神事業連合主催，全国大学生協連大阪・兵庫・和歌山ブロック協力，公益社団法人消費者関連専門家会議（ACAP）後援の「消費者教育夏期集中講座」での講義（「大学生が健全な消費生活を行うための基礎知識：生活リテラシー」：2014年９月16日）準備のために書かれたものです。私は兵庫県消費者教育推進計画検討会座長をつとめ，長年消費者行政にかかわってきたこともあり，また神戸大学生活協同組合理事長ということもあって，大学生協阪神事業連合の消費者教育事業の１つとしての助成を得て，本書を刊行することができました。ここに記して謝意を表し，厚く御礼を申し上げます。

　2015年１月25日

　　　　　　　　　　神戸大学大学院経済学研究科教授
　　　　　　　　　　兵庫県消費者教育推進計画検討会座長
　　　　　　　　　　神戸大学生活協同組合理事長　滝川好夫

目　次

はしがき

序章　大学生の消費生活環境と消費者教育

1　大学生の消費生活の変化と消費者トラブル ………………… 1
2　「21世紀型消費者政策の在り方について」：
　　保護から自立へ ………………………………………………… 5
3　大学生と消費者教育 …………………………………………… 6

第1部　消費者教育の基礎理論

第1章　小中高校で何を学んだのか：消費生活リテラシー

1　小学校での消費者教育 ………………………………………… 8
2　中学校での消費者教育 ………………………………………… 9
3　高校での消費者教育 ………………………………………… 11
4　特別支援学校での消費者教育 ……………………………… 14

目 次

第2章　消費者はどんな権利，どんな責任をもっているのか

1　消費者の8つの権利と5つの責任：
　　IOCU（国際消費者機構） ……………………………… 16
2　日本の「消費者基本法」における消費者の
　　8つの権利 ……………………………………………… 17
3　消費者市民社会：社会のために役立ちたい ………… 19

第2部　消費者教育の実践：契約，サービス，悪質商法

第3章　消費者トラブルの事例と原因・対策

1　消費者トラブルの事例 ………………………………… 20
2　消費者トラブルの原因と対策 ………………………… 22

第4章　契約トラブル

1　契約の成立 ……………………………………………… 24
2　契約の無効 vs. 契約の取消 …………………………… 25
3　契約の解除 ……………………………………………… 27
4　消費者契約法による
　　「不当条項の無効 vs. 契約の取消」 …………………… 29
5　特定商取引法による通信販売・電話勧誘の規制 …… 30
6　特定商取引法による中途解約 ………………………… 31

7 契約トラブルにあったときは ……………………………… 32

第5章　インターネット取引のトラブル

1 インターネット・ショッピング ……………………………… 36
2 インターネット・オークション ……………………………… 37
3 インターネットと情報セキュリティー：
　 個人情報を漏らさないための工夫 ……………………… 38
4 ネット犯罪：フィッシング詐欺とワンクリック詐欺 ……… 38

第6章　サービストラブルと広告を見る眼

1 携帯電話サービス ……………………………………………… 40
2 引越しサービス ………………………………………………… 40
3 宅配便サービス ………………………………………………… 41
4 旅行サービス …………………………………………………… 42
5 広告を見るときの注意 ………………………………………… 43

第7章　悪質商法トラブル

1 キャッチセールス ……………………………………………… 46
2 アポイントメントセールス …………………………………… 46
3 SF商法（催眠商法） …………………………………………… 46
4 点検商法 ………………………………………………………… 47

5 ネガティブオプション（送り付け商法） …………… 47
  6 電話勧誘販売 ……………………………………………… 49
  7 内職商法 …………………………………………………… 49
  8 マルチ商法 ………………………………………………… 50
  9 利殖商法 …………………………………………………… 51
 10 家庭教師派遣＋学習教材 ………………………………… 52
 11 架空・不当請求 …………………………………………… 53

第3部　消費者教育の関連：金銭教育，環境教育，食育

第8章　金銭教育（金融教育）

  1 消費者教育と金銭教育（金融教育） …………………… 55
  2 金融商品パンフレットには要注意 ……………………… 56
  3 クレジット：個別クレジット vs. 包括クレジット ………… 57

第9章　環境教育

  1 省エネの実践 ……………………………………………… 60
  2 グリーンコンシューマー：環境に配慮した消費者 ……… 61
  3 循環型社会と3Rの実践 ………………………………… 63
  4 環境に配慮した製品：環境マーク ……………………… 64

第10章　食　　育

1. 「食生活指針」の10項目：厚生労働省 ………………… 65
2. 食品の表示 ……………………………………………… 67
3. 食品の分類：医薬品，保健機能食品，一般食品 ………… 69
4. 食品の安全 ……………………………………………… 70
5. フードマイレージと食品ロス ………………………… 71

終　章　消費者教育の目的，定義，基本理念：「消費者教育の推進に関する法律」

1. 消費者教育の目的：
   「消費者教育の推進に関する法律」第1条 …………… 72
2. 消費者教育の定義：
   「消費者教育の推進に関する法律」第2条 …………… 73
3. 消費者教育の基本理念：
   「消費者教育の推進に関する法律」第3条 …………… 74
4. 学校消費者教育 vs. 一般消費者教育：
   消費者教育のライフステージ ………………………… 77
5. 消費者・企業・行政と消費者教育：
   消費者教育の実施主体 ………………………………… 79

あ と が き

参 考 文 献

序 章
大学生の消費生活環境と消費者教育

1 大学生の消費生活の変化と消費者トラブル

【大学生の消費生活の3つの変化:グローバル化,ソフト・サービス化,高度化】

　大学生の消費生活は,グローバル化,ソフト・サービス化,高度化といった3点で変化しています。

① 消費支出のグローバル化:国産品から輸入品へ

　大学生の国産品への消費支出は減少し,輸入品への消費支出は増加しています。

② 消費支出のソフト・サービス化:ハードからソフトへ,モノからサービスへ

　商品には目に見えるもの(ハード,モノ),目に見えないもの(ソフト,サービス)があります。大学生のハード,モノへの消費支出は減少し,ソフト,サービスへの消費支出は増加しています。

③ 消費支出の高度化:必需的消費支出から選択的消費支出へ

　必需的消費支出,つまり生活するうえで必ずや買わなければならないものは低次の(内容が簡単な)商品であり,選択的消費支出,つまり生活するうえで買っても買わなくてもよいものは高次の(内

容が複雑な）商品です。必需的消費支出の対象はほとんど同じですが，選択的消費支出の対象は多様化・個性化しています。大学生の選択的消費支出の割合は増加し，必需的消費支出の割合は減少しています。

【なぜ消費者トラブルにあうのか：大学生の特徴】

　19歳以下の消費者トラブル第1位はインターネット情報サービス，第2位テレビ放送サービス，第3位靴，第4位携帯電話サービス，第5位洋服／自動車運転教習所であり，20歳代の消費者トラブル第1位はインターネット情報サービス，第2位エステサービス，第3位借地・借家，第4位自動車，第5位フリーローン・サラ金であり，大学生の消費者被害は主にサービスのトラブルです。

序　章　大学生の消費生活環境と消費者教育

図表序－1　苦情当事者の年代別の主な品目別件数（2013年度）

(件)

	19歳以下	20歳代	30歳代	40歳代	50歳代	60歳代	70歳代	80歳以上
年代別割合	3.2%	7.3%	11.7%	14.8%	12.3%	15.1%	15.3%	8.8%
1	インターネット情報サービス 803	インターネット情報サービス 628	インターネット情報サービス 1,004	インターネット情報サービス 1,348	インターネット情報 905	インターネット情報 827	健康食品 870	健康食品 822
2	テレビ放送サービス 51	エステ 239	借地・借家 298	借地・借家 237	フリーローン・サラ金 199	工事・建築 274	預貯金・証券等 388	預貯金・証券等 174
3	靴 27	借地・借家 185	フリーローン・サラ金 189	フリーローン・サラ金 215	工事・建築 186	健康食品 250	インターネット情報 363	工事・建築 161
4	携帯電話サービス 24	自動車 93	自動車 136	自動車 163	借地・借家 166	預貯金・証券等 185	工事・建築 261	新聞 145
5	洋服／自動車運転教習所 19	フリーローン・サラ金 90	携帯電話サービス 127	携帯電話 157	インターネット接続回線 111	フリーローン・サラ金 144	ファンド型投資商品 187	ファンド型投資商品 115

出所：「平成25年度兵庫県の消費生活相談状況」

サービスは「目に見えない」という特性を有しているので，大学生は次の3つの理由から消費者トラブルにあっています。
① 　サービスの質については，供給者である企業が圧倒的に情報を保有し，需要者である消費者がほとんど知り得ないという意味で，両者間で情報の非対称性が大きい。
② 　目に見えるモノに比べて，目に見えないサービスの質の評価は難しく，サービス内容が価格に見合っているのか判断しにくい。
③ 　モノの返却・交換は容易であるが，サービスはいったん購入してしまうと，返却・交換は困難であり，損害回復の手段が限られている。

図表序－2　インターネット情報サービスにかかる苦情相談の年代別割合

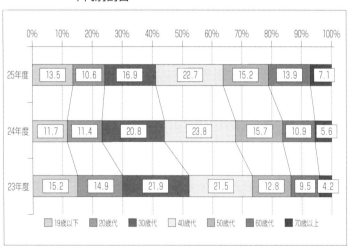

出所：「平成25年度兵庫県の消費生活相談状況」

2 「21世紀型消費者政策の在り方について」：保護から自立へ

【消費者トラブル：モノのときの物 vs. サービスのときの（消費）者】

　消費者トラブルがモノのときは「物」が，サービスのときは「（消費）者」がそれぞれ問題になっています。すなわち，消費者トラブルがモノの品質・機能などについてのときは，「被害者は消費者，加害者は企業である」ということで，もっぱら企業の責任だけを問題視すればよかった。しかし，消費者トラブルがサービスについてのときは，消費者力（消費者自身がもっている知識・経験など）の差によって，「被害者になる消費者もいれば，被害者にならない消費者もいる」といったことで，加害企業の責任だけを追求すれば解決ということにはならなくなりました。サービスをめぐる消費者トラブルは「消費者の自己責任」を問われかねないことになり，消費者問題による被害を回避するには「消費者の自立」が求められるようになっています。

【国民生活審議会「21世紀型消費者政策の在り方について」：保護から自立へ】

　2003年に公表された国民生活審議会消費者政策部会報告書「21世紀型消費者政策の在り方について」では，行政についてこれまでの事業者に対する事前規制を中心とした政策手法から，行為規制を定めてそのルールに基づいて遵守状況を監視する手法へと重点をシフトする必要性を指摘する一方，消費者はただ単に保護されるだけの

存在ではなく，市場において自己決定に基づいて行動し，その結果に対して自己責任を負う「自立した消費者」像を基本としています。

【「消費者保護基本法」から「消費者基本法」へ】

「21世紀型消費者政策の在り方について」を受けて，2004年には30数年ぶりに，消費者政策の憲法たる「消費者保護基本法」を改正した「消費者基本法」が制定されました。

【自立した消費者から社会の在り方を変える主体へ】

消費者の自立が求められる時代になり，さらに，生活する市民としての「生活者」という視点が重視されています。「消費者市民社会」という概念をもとに，社会的問題へ積極的に参加する消費者・生活者が意識されるようになっています。

3 大学生と消費者教育
【消費者教育についての大学生に対するアンケート】

私が2014年6月に行った大学（神戸大学，関西外国語大学）生に対するアンケートでは，消費者教育をこれまでに受けた割合は小学校での24.0％，中学校での69.7％，高等学校での77.4％，大学での32.7％であるが，92.3％の大学生が消費者教育は必要であると回答しています。大学生の7～8割は中学校，高校で消費者教育を受けたことを記憶しています。

第1部
消費者教育の基礎理論

第1章 小中高校で何を学んだのか：消費生活リテラシー

【「新学習指導要領・生きる力」と消費生活リテラシー】

　全国のどの地域で教育を受けても，一定水準の教育を受けることができるように，文部科学省は各学校でカリキュラムを編成する際の基準（学習指導要領）を定めています。学習指導要領はほぼ10年周期で改訂され，「新学習指導要領・生きる力」が2011年4月から小学校，2012年4月から中学校，2013年4月から高等学校でそれぞれ実施されています。学校教育では，学習指導要領に基づいて授業が行われており，消費者教育が本格的に導入されたのは，1989年の学習指導要領改訂のときからです。「新学習指導要領・生きる力」は「ゆとり」でも，「詰め込み」でもなく，「生きる力」を育むという理念のもと，知識や技能の習得とともに思考力・判断力・表現力などの育成を重視しています。以下では，「新学習指導要領・生きる力」の中から「消費」というキーワードが入っている文章を探し，小学校・中学校・高等学校・特別支援学校で学んだ消費生活リテラ

シーを説明します。

1　小学校での消費者教育

【小学校の学習指導要領での消費者教育】

　小学校の消費者教育は，学習指導要領では社会科と家庭科で行われています。消費を一個人の視点からと，地域社会の一員の視点から学んでいます。一個人の視点からは物や金銭の使い方と買い物について学び，地域社会の一員の視点からは地域経済の循環を学んでいます。

【「消費者教育に関する実態調査結果」（兵庫県消費生活課実施）】

　私が座長をつとめている兵庫県消費者教育推進計画検討会で，2014年6月23日～7月11日に，兵庫県内に所在するすべての小学校・中学校・高等学校・特別支援学校に対して，消費者教育に関する実態調査（以下，「消費者教育実態調査」と呼ぶ）を行いました。

　兵庫県内小学校627校（回収率79.3％）の中で消費者教育を行っているのは97.1％，行っていないのは2.9％（18校）であり，消費者教育を行っている教科（複数回答：n＝609）は，家庭科89.6％，総合学習39.9％，道徳39.7％，社会科・生活科39.2％，学級活動・学級指導13.9％，講演会・特別活動等8.3％，その他1.6％でした。

　年間に小学校で行われる授業等の時間数は1学年あたりおおむね2～3時間程度であり，授業等の内容（複数回答：n＝609）は「食品や製品の安全と表示」83.3％，「お金の使い方」81.3％，「携

帯電話, スマートフォン, インターネットに関するトラブル」75.1%,「電子マネーの仕組み」9.3%,「その他」4.9%です。

消費者教育を行う講師（複数回答：n＝609）は担任教員87.7%, 家庭科担当教員49.9%, 外部講師（警察）15.4%, 外部講師（情報セキュリティサポーター）11.2%, 外部講師（NPO法人等）7.2%, 外部講師（消費生活センター職員）5.3%, 教育委員会2.5%, その他4.1%です。

消費者教育充実のために必要なこと（複数回答：n＝627）は「児童向け教材の作成・配布」71.5%,「実践事例の紹介」63.2%,「外部講師等を活用した消費者教育授業」44.0%,「教員に対する研修」43.9%,「消費者被害の最新情報の定期的な提供」35.6%,「その他」3.5%です。

2 中学校での消費者教育
【中学校の学習指導要領での消費者教育】

中学校の消費者教育は, 学習指導要領では, 社会科（公民的分野）の中で消費生活の視点から市場経済メカニズムを学んでいます。技術・家庭科（家庭分野）の中で「消費者の権利と責任」,「商品の選択, 購入および活用」,「環境に配慮した消費生活」を学んでいます。

【「消費者教育に関する実態調査結果」(兵庫県消費生活課実施)】

「消費者教育実態調査」結果によれば，兵庫県内中学校298校（回収率76.6％）の中で消費者教育を行っているのは98.7％，行っていないのは1.3％（4校）であり，消費者教育を行っている教科（複数回答：n＝294）は，家庭分野93.6％，公民的分野83.2％，総合学習30.2％，技術分野5.4％，講演会・講習会等4.7％，学級活動・LHR 3.7％，その他3.0％でした。

年間に中学校で行われる授業等の時間数は1学年あたりおおむね3～4時間程度であり，授業等の内容（複数回答：n＝294）は「悪質商法，クーリング・オフ制度」96.6％，「販売方法，支払方法について」92.6％，「表示やマークについて」90.9％，「契約とは」90.6％，「携帯電話，スマートフォン，インターネットに関するトラブル」85.2％，「その他」6.4％です。

消費者教育を行う講師（複数回答：n＝294）は教科担当教員92.9％，担任教員21.8％，外部講師（警察）21.1％，外部講師（情報セキュリティサポーター）12.9％，外部講師（消費生活センター職員）5.4％，外部講師（NPO法人等）3.7％，その他3.7％です。

消費者教育充実のために必要なこと（複数回答：n＝298）は「生徒向け教材の作成・配布」73.5％，「実践事例の紹介」69.1％，「消費者被害の最新情報の定期的な提供」66.1％，「外部講師等を活用した消費者教育授業」43.3％，「教員に対する研修」38.9％，「その他」1.0％です。

第1部 消費者教育の基礎理論

3 高校での消費者教育

【高校の学習指導要領での消費者教育】

　高校の学習指導要領では,「公民科(現代社会,政治・経済)」,「家庭科(家庭基礎,家庭総合,生活デザイン,生活産業情報,消費生活)」,「商業科(マーケティング,商品開発,広告と販売促進,電子商取引)」の中に消費というキーワードが見られます。

　高校の消費者教育は,学習指導要領では,公民科(現代社会)の中で市場経済における個人の役割と責任,市場経済メカニズムの失敗といった2つの視点から,消費者に関する問題を学んでいます。

　家庭科は買い手が売り手(家庭の生活にかかわる産業)のことを知る教科であり,家庭科(家庭基礎,家庭総合,生活デザイン)の中で「消費生活に関する知識・技術」,「消費生活の現状と課題や消費者の権利と責任,生涯を見通した生活設計」,「契約,消費者信用」,「消費者問題や消費者の自立と支援」を学んでいます。家庭科(生活産業情報)の中で消費者の視点からではなく,職業人(企業人)の視点から情報モラルとセキュリティを学んでいます。学校で学ぶ消費生活リテラシーについて言えば,家庭科(消費生活)がもっとも体系的であり,「消費者教育」という言葉が出てくる唯一の科目です。「経済社会の変化と消費生活,消費者の権利と責任,消費者と企業や行政とのかかわり及び連携の在り方などに関する知識と技術を習得させ,持続可能な社会の形成に寄与するとともに,消費者の支援に必要な能力と態度を育てる。」を目標として,消費というキーワードがあるところだけを取り出すと,次のものを学んでいます(注1)。

(注1) 「消費生活」科目に関する教科書があり,それが唯一の単独の消費生活の教科書です。しかし,「消費生活」という科目は健全な消費者を育成するために設けられたものかといえば,そうではなく,「消費生活」は消費生活アドバイザーなどの専門的な職業につく人を対象にした職業教育科目です。大阪教育大学の大本久美子准教授からは「普通科の高校生はまず受講しない科目です。この学習内容を必修にすると,消費者教育の充実の大きな一歩になるのですが,この科目すら知られていないというのが現状です。」というご指摘を受けています。職業人育成科目の1つとして「消費生活」が設けられているのが,いかに学校教育では消費者のための教科・科目がないことを示しています。

(1) **経済社会の変化と消費生活**
　ア　社会の変化と消費生活
　イ　多様化する流通・販売方法と消費者

(2) **消費者の権利と責任**
　ア　消費者問題
　イ　消費者の権利と関係法規
　ウ　契約と消費生活
　エ　決済手段の多様化と消費者信用(多重債務や自己破産など)

(3) **消費者と企業,行政**
　ア　商品情報と消費者相談(企業の社会的責任,行政や企業の消費者相談機関)
　イ　消費者の自立支援と行政

ウ　消費者教育

(4) **持続可能な社会を目指したライフスタイル**

ア　消費生活と環境

イ　持続可能な社会の形成と消費行動

(5) **消費生活演習**

ア　消費者支援研究（消費生活相談機関や企業の消費者相談など）

そして，以上のことを，「消費生活関連機関等との連携を図って」，「代表的な消費者問題を取り上げ」，「身近で具体的な事例を取り上げ」学んでいます。

商業科（マーケティング，商品開発，広告と販売促進，電子商取引）は，消費者の視点からではなく，職業人（企業人）の視点から消費者問題を学んでいます。

従来から「学習指導要領には消費者教育的記述がある」と言われていますが，消費生活に関するたくさんの記述は職業教育的視点から行われていることがわかります。

【「消費者教育に関する実態調査結果」（兵庫県消費生活課実施）】

「消費者教育実態調査」結果によれば，兵庫県内高等学校181校（回収率80.8%）の中で消費者教育を行っているのは96.7%，行っていないのは3.3%（6校）であり，消費者教育を行っている教科（複数回答：n = 175）は，家庭科83.4%，公民科（現代社会）61.9%，情報7.2%，商業科6.6%，総合学習6.6%，公民科（政

治・経済）5.0％，その他教科2.2％，その他（HR，講演会等）31.5％でした。

　年間に高等学校で行われる授業等の時間数は1学年あたりおおむね2～3時間程度であり，授業等の内容（複数回答：n＝175）は「悪質商法，クーリング・オフ制度」92.8％，「販売方法，支払方法について（電子マネー，クレジットカード等）」86.7％，「契約とは」83.4％，「携帯電話，スマートフォン，インターネットに関するトラブル」69.1％，「表示やマークについて」60.2％，「その他」9.4％です。

　消費者教育を行う講師（複数回答：n＝175）は教科担当教員89.7％，外部講師（警察）18.9％，担任教員18.3％，外部講師（消費生活センター職員）9.1％，外部講師（NPO法人等）8.6％，外部講師（情報セキュリティサポーター）8.0％，その他2.9％です。

　消費者教育充実のために必要なこと（複数回答：n＝181）は「消費者被害の最新情報の定期的な提供」71.3％，「生徒向け教材の作成・配布」60.2％，「実践事例の紹介」60.2％，「教員に対する研修」40.3％，「外部講師等を活用した消費者教育授業」39.2％，「授業時間の確保」0.6％です。

4　特別支援学校での消費者教育

【小学部・中学部では社会科，高等部では社会科と家庭科】

　小学部・中学部・高等部では，ニュースに関心をもち，経済の循環を学び，さらに高等部では，計画的な消費を学んでいます。

【「消費者教育に関する実態調査結果」(兵庫県消費生活課実施)】

「消費者教育実態調査」結果によれば,特別支援学校41校(回収率100%)の中で消費者教育を行っているのは82.9%,行っていないのは17.1%(7校)であり,消費者教育を行っている教科(複数回答:n＝34)は,家庭36.6%,公民(現代社会)29.3%,総合学習19.5%,情報9.8%,自立支援7.3%,その他教科26.8%,その他(HR,講演会等)46.3%でした。

年間に高等部で行われる授業等の時間数は1学年あたりおおむね2～3時間程度であり,授業等の内容(複数回答:n＝34)は「携帯電話,スマートフォン,インターネットに関するトラブル」68.3%,「悪質商法,クーリング・オフ制度」56.1%,「販売方法,支払方法について(電子マネー,クレジットカード等)」41.5%,「表示やマークについて」34.1%,「契約とは」26.8%,「その他」12.2%です。

消費者教育を行う講師(複数回答:n＝34)は教科担当教員64.7%,担任教員47.1%,外部講師(警察)17.6%,外部講師(消費生活センター職員)14.7%,外部講師(NPO法人等)8.8%,その他8.8%です。

消費者教育充実のために必要なこと(複数回答:n＝41)は「実践事例の紹介」68.3%,「生徒向け教材の作成・配布」65.9%,「消費者被害の最新情報の定期的な提供」48.8%,「教員に対する研修」41.5%,「外部講師等を活用した消費者教育授業」41.5%です。

第2章 消費者はどんな権利,どんな責任をもっているのか

1 消費者の8つの権利と5つの責任:IOCU(国際消費者機構)

【消費者の8つの権利:IOCU(国際消費者機構:消費者団体)】

　国際消費者機構(IOCU)は1960年に生まれ,1995年にCI(Consumers International)に改称している,各国消費者団体の連合組織(NGO)です。消費者の権利として,米国の「消費者の権利章典」は行政の立場から5つを挙げていますが,1982年に国際消費者機構は消費者団体の立場から「生活のニーズが保証される権利」「安全への権利」「情報を与えられる権利」「選択をする権利」「意見を聴かれる権利」「補償を受ける権利」「消費者教育を受ける権利」「健全な環境のなかで働き生活する権利」の8つを挙げています(注1)。

(注1)　米国の「消費者の権利章典」は5つの権利を挙げています。「安全を求める権利」「情報を受ける権利」「選択する権利」「意見を聞いてもらう権利」の4つの権利は,ケネディ大統領の「大統領特別教書」(「消費者の4つの権利の宣言」:1962年3月)において示されたものです。「消費者教育を受ける権利」は,1975年にフォード大統領によって消費者の第5の権利として挙げられたものです。

【消費者の5つの責任：IOCU（国際消費者機構：消費者団体）】

米国の「消費者の権利章典」は消費者の権利のみを取り上げていますが、国際消費者機構は1982年に「消費者の8つの権利」と、次の「消費者の5つの責任」を提唱しています。

① 鋭い批判精神と自覚：モノやサービスの価格、品質について油断せず、疑問を投げかける責任
② 行動：正しいと信ずることを主張し、公正な取り扱いが得られるように行動する責任
③ 社会的関心：消費者が他の市民、とくに不利な立場あるいは力がない人々に与える影響について自覚する責任
④ 環境を大切にする自覚：消費が環境に及ぼす結果を理解する責任
⑤ 連帯：消費者として連帯して組織をつくる責任

2 日本の「消費者基本法」における消費者の8つの権利

「消費者問題は、消費者が『消費者の権利』を正当に主張しないかぎり、真の解決は得られない」と言われるようになり、日本の消費者の法律は、消費者保護を訴える「消費者保護基本法」（1968年）から消費者自立をめざす「消費者基本法」（2004年）へと変わりました。日本の「消費者基本法」は、消費者の権利として、次の8つを挙げています。

① 消費生活における基本的な需要が満たされる権利

② 健全な生活環境が確保される権利
③ 安全が確保される権利（モノ，サービスによって，生命および身体，財産を侵されない権利）
④ 自主的・合理的な選択の機会が確保される権利（提供される多種多様なモノ，サービスについて，冷静に合理的な判断ができる環境で選べる権利）
⑤ 必要な情報が提供される権利（モノ，サービスを選択，使用または利用するために，適正，適切な表示等による情報提供を受ける権利）
⑥ 必要な教育の機会が提供される権利
⑦ 意見が政策に反映される権利（意見を発する場が与えられ，それが最大限に反映されることを求める権利）
⑧ 消費者被害が生じた場合に適切・迅速に救済される権利（欠陥商品や不適切な契約，あるいは不満足なサービスについてのトラブルから救済される権利）

これらの8つの権利はIOCU（国際消費者機構）による消費者の8つの権利とまったく同じものです(注2)。

(注2) さらに，兵庫県の消費者施策においては，契約に関するトラブルの増加にかんがみ，「商品及び役務について適正な取引条件が確保される権利」（消費者に不利益をもたらすような不当な取引条件を強制されず，契約の勧誘時や履行時などに事業者に不適正な取引行為を行わせない権利）が9番目の権利として挙げられています。

3 消費者市民社会：社会のために役立ちたい

【社会のために役立ちたいという意識：消費者市民】

　個人の利益のためだけでなく，消費者全体の福祉のために積極的に行動する消費者は「消費者市民」と呼ばれ，「個々の消費者の特性及び消費生活の多様性を相互に尊重する」「自らの消費生活に関する行動が現在及び将来の世代にわたって内外の社会経済情勢及び地球環境に影響を及ぼし得るものであることを自覚する」「公正かつ持続可能な社会の形成に積極的に参画する」ことによって，消費者市民社会を形成できます。

【消費者市民社会：『国民生活白書』】

　『平成20年版　国民生活白書』は，消費者市民社会を「『消費者市民』がやさしい眼差しを持って一般的な消費者・生活者と連帯し，また企業で働く人も消費者・生活者の視点を持って事業活動を見直し，社会構造を良くしていく社会でもある。」（p.5）と説明し，「経済，社会，こころの三つのバランスが取れたときに我が国は真に『消費者市民社会』という新たなステージに進める」（p.5）と論じています。

第2部
消費者教育の実践：
契約，サービス，悪質商法

第3章　消費者トラブルの事例と原因・対策

1　消費者トラブルの事例

【消費者トラブルの事例：国民生活センターの消費生活相談情報】

　国民生活センターは，消費者から直接に，地方自治体の消費生活センターを通じて間接に，消費生活に関する相談の受付，危害情報の収集・蓄積，これに基づいた情報提供，市販商品テストや結果に基づいたメーカーへの改善などの要請を行っている独立行政法人であり，消費者トラブルの事例として，架空請求・不当請求，インターネットショッピング，ネットオークション，オンラインゲーム，携帯電話・通信サービス，結婚相手紹介サービス・出会い系，土地・住宅・設備・車，廃棄・リサイクル，食品，住居品・被服品・クリーニング，金融・クレジット・電子マネー，旅客・運送サービス，学習・教材・娯楽，美容・衛生，内職・副業，強引・怪しい勧誘，個人情報，震災関連を挙げています。

【2013年度の消費生活相談：兵庫県内の消費生活センター】

兵庫県内の消費生活センターで受け付けた2013年度の消費生活相談は50,352件と2012年度に比べ1割増加し、苦情件数は過去5年間で最多となっています。2013年度の相談状況としては、インターネットの普及や電子商取引の増加に伴い、アダルト情報サイト・出会い系サイトなどの有料情報サイトに代表される「インターネット情報サービス」が苦情相談件数の最多であり、続いて主に高齢者への送り付け商法が問題となった健康食品、リフォーム等に関する苦情が多い工事・建築といった内容の相談が多くなっています。

図表3-1　兵庫県の消費生活相談苦情件数

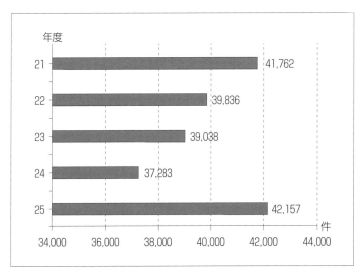

出所：「兵庫県の消費生活相談状況」2013年

図表3－2　主な相談内容件数の推移

順位	相談内容	H23	H24	H25
1	インターネット情報サービス	6,456	6,043	6,215
2	健康食品	542	1,236	2,313
3	工事・建築	1,272	1,172	1,379
4	借地・借家	1,453	1,348	1,364
5	フリーローン・サラ金	1,745	1,379	1,086
6	預貯金・証券等	1,302	977	974
7	インターネット接続回線	714	732	816
8	新聞	797	733	727
9	携帯電話サービス	567	716	725
10	自動車	675	675	707

出所：「兵庫県の消費生活相談状況」2013年

2　消費者トラブルの原因と対策

【消費者トラブルの原因】

　なぜ企業は消費者に対して安全とはいえない商品を提供するようになるのでしょうか。なぜ適正とは限らない契約を提示するようになるのでしょうか。つまり，なぜ消費者トラブルは発生するのでしょうか。消費者トラブル発生の原因として，以下の4つが挙げられます。

① 科学技術の高度化による「情報の非対称性」

　科学技術が発展すれば，企業はプロで知っていて，消費者はアマで知らないことがたくさん出てきます。まさに，商品の品質を企業は知っていて，消費者は知らないという「情報の非対称性」が生じます。企業は「消費者が知らない」ことを利用して，安全とはいえ

ない商品を提供し、消費者トラブルが生じます。

② 企業間の行き過ぎた販売競争

企業間の販売競争が行き過ぎると、企業は消費者に誤認させるような不当表示を行い、消費者トラブルが生じます。

③ 流通機構の複雑化

企業から消費者への商品の流通機構が複雑化すると、商品に欠陥が見つかったときに、どの企業に責任があるのかを知ることが困難になり、消費者トラブルが生じます。

④ 訪問販売とインターネット販売

訪問販売とインターネット販売は店舗という信頼の基礎を欠いている無店舗販売です。

交通機関・交通網の著しい発達によって場所的移動が容易になり、訪問販売事業者は、次々に場所を移して、短期間のうちに広範に荒稼ぎをすることができるようになり、消費者トラブルが生じます。また、インターネット販売によって社会から隔絶した取引が行われるようになると、企業がつけこむ余地が増え、消費者トラブルが生じます。

【消費者トラブルにあったら】

消費者トラブルにあったら、「居住地の消費生活センター」「国民生活センターの消費生活相談窓口」「多重債務の相談窓口」「個人情報に関する苦情相談窓口」「消費者トラブルメール箱」へ、通報・相談しましょう。

第4章　契約トラブル

【契約とは：法律上の権利・義務が生じる約束】

「契約」は単なる約束ではなく，法律上の権利・義務が生じる約束です。「スーパーで弁当を買う」「消費者ローンでお金を借りる」「アパートを借りる」「洋服を仕立ててもらう」「弁護士に依頼する」「コインロッカーに荷物を預ける」「示談にする」などはすべて民法で定める契約です。

【契約トラブルの「事前予防 vs. 事後救済措置」】

契約トラブルの事前予防のために「契約書面の交付義務」，契約トラブルの事後救済措置としてクーリング・オフ（無条件解除制度）が法規制として設けられています。

1　契約の成立

【契約の成立：当事者間の意思の一致】

契約は，店舗，訪問販売，通信販売，電話勧誘販売，電子商取引（ネットショッピング）などで，当事者間の意思の一致（合意）により成立します。契約は「申し込み」と「承諾」によって成立し，申込金を支払っただけでは契約は成立しません。

【インターネット上の契約の成立】

インターネット上での契約は，注文ボタンをクリックしたときで

はなく、事業者からの承諾が送られたときに成立します。

【合意の2つの形態：口約束vs.契約書】

契約は「口約束」でも成立しますが、「契約書」を交わすようにしましょう。契約書は、トラブルを生じないように、また生じたトラブルを解決するために、法律上の権利・義務を確認し合い、それを文書の形にまとめたものです。

【自動車の購入契約の成立日：申込書に署名・押印した時点でない】

自動車の購入契約の成立日は、申込書に署名・押印した時点ではなく、「自動車登録がなされた日」「注文により販売会社が修理・改造・架装（特注のオプション作業）などに着手した日」「自動車の引渡しがなされた日」のいずれか早い日です。

2 契約の無効vs.契約の取消
【契約の無効：意思表示しなくても、契約は無効】

「幼児や認知症が進んでいる人が交わした契約」「公序良俗に反する契約（たとえば人身売買の契約）」「表示と実際が食い違っている契約」「代理権がないのに勝手に代理人として行った契約」「虚偽の内容で意思表示した契約」「言われた人が冗談だったと知っていた場合や知ることができた場合の契約」などは無効です。「無効」はいったん成立した行為をなかったことにすることですが、「無効にしてください」と意思表示しなくても、上記の契約は無効です。

名義(名前)を貸してしまうと，名義人本人が契約したものとみなされ，責任を取らなくてはいけませんが，承諾もしていないのに勝手に名前を使われ契約が行われたら，「自分はまったく知らなかった」「自分には責任がない」と主張すればよいでしょう(注1)。

(注1)　「保証人」・「連帯保証人」になると，契約した本人がお金を支払えなくなったときには，代わってお金を支払わなければなりません。このとき，本人からお金を返してもらう権利はありますが，本人に支払能力がなければ支払ったお金は取り戻せません。

【契約の取消：「取り消す」と意思表示しなければ契約は有効】

　いったん契約が成立すると，どちらか一方の都合によって解除はできないのが原則です。しかし，「未成年者(20歳未満)の契約」「高齢になり判断能力が不足してきた人や知的障害や精神障害のある人で，『成年後見制度』を利用している人の契約」「だまされたり，脅迫された状態で行った契約」「事業者の不適切な勧誘による契約」などは取消を認められています。「取消」はいったん成立した行為をはじめからなかったことにすることですが，「取り消す」と意思表示しなければ契約は有効です(「契約の取消」の書面例：p.33)。しかし，未成年者の契約であっても，「結婚している場合」「自由に使える小遣いの範囲内だと思われる場合」「成人していると積極的にうそをついた場合」「保護者の許可をとっている場合」などは取り消すことはできません。

3 契約の解除

【契約の解除：当事者間の意思の一致（手付金放棄）が必要】

　契約の解除は，過去にさかのぼってはじめから契約が存在しなかったことにすることです。いったん成立した契約はどちらかが一方的にやめることはできず，契約の解除には，当事者間の意思の一致が必要です。契約時に「手付金」を支払っている場合は，相手が契約を実行するまでは，手付金を放棄することによって契約を解除できます。「内金」は代金の一部として支払うので，内金を放棄しても，契約を解除できません (注2)。

(注2)　訪問販売で通常必要とされる分量を著しく超える量の商品等の購入契約を結んだ場合，契約後1年間は契約の解除ができます。この場合，「割賦販売法」(1961年制定) により，この契約に伴って交わしたクレジット契約も解除できます。

【契約を一方的に無条件解除できるケース：「クーリング・オフ」】

　いったん契約が成立したあとでも，契約した日か，契約書を受け取った日のいずれか遅い日から一定期間（8日間，10日間，14日間，20日間：契約日もしくは書面受領日を含む）は，理由を問わず消費者からの一方的な申し出により無条件で契約を解除できる制度は「クーリング・オフ」と呼ばれています。送料を事業者負担で，そのままの状態で返品することによって，支払ったお金を全額返して

もらえます。

　訪問販売，電話勧誘販売，店舗外でのクレジット（ローン）契約，店舗外での生命保険・損害保険契約など，不意打ち的な勧誘によって十分な情報や時間を与えられていない契約，内容が複雑なのでより真剣に冷静に考える必要がある契約が「クーリング・オフ」の適用対象です。適用対象によって，頭を冷やして考える期間が 8 日間，10日間，14日間，20日間と異なっています。「クーリング・オフ」の申し出は必ず書面（ハガキなど）通知でなければなりません（「契約の解除（クーリング・オフ）」の書面例：p.34）。書面の表裏のコピーをとり，郵便局へ行って，特定記録郵便で出します。クーリング・オフ期間内（8日間，10日間，14日間，20日間：契約日もしくは書面受領日を含む）の郵便局での受領印があれば有効です。

【契約の解除：「相手が契約を守らない」と「傷や欠陥がある」】

　「指定した日に商品が届かなかった」「数量が不足していた」「間違った商品が届いた」など，相手が契約内容を守らない場合は契約を解除できます。このとき，損害が生じれば損害賠償を請求することができます。「普通に注意しても知ることができなかった傷や欠陥などがあった」場合は，知ってから 1 年以内に限って損害賠償請求でき，機能を果たすことができないときは契約を解除できます。たとえば，誕生日のお祝いケーキが依頼した日の翌日に届いたときは，契約を解除でき，支払ったお金を返してもらうことができます。

4 消費者契約法による「不当条項の無効vs.契約の取消」

【消費者契約法による不当条項の無効:消費者に一方的に不利な条項は無効】

「消費者契約法」(2000年4月制定)は,消費者と事業者との間の情報力・交渉力の格差を前提として,消費者の利益の擁護を図ることを目的とした法律です。「損害賠償の責任を事業者が一切取らない」「事業者の重大な過失で損害を与えた場合に一部しか責任を負わない」「買ったものに普通気がつかない欠陥があった場合,修理も交換も損害賠償もしない」などの消費者に一方的に不利な条項は無効になります。

【消費者契約法による契約の取消:取消期間は6カ月以内】

「契約の内容・条件に関する重要事項についてうその説明をすること」「将来得られる利益が不確実であるのに確実であるかのような勧誘をすること」「契約の重要事項について有利な点だけを強調して不利な点を告げないこと」などの不適切な行為により,誤認して結んだ契約を取り消すことができます。また,「訪問販売業者に契約するつもりがないから帰ってほしいという意思表示をしているのに,しつこく勧誘を続けること」「契約するつもりがないから帰りたいという意思表示をしているのに,訪問販売業者がその場から退去させないこと」などで困惑している中で結んだ契約は取り消すことができます。取消期間は,誤認に気づいたとき,困惑から脱し

たときから6カ月以内です。契約から5年を過ぎると取り消すことができなくなります。

5　特定商取引法による通信販売・電話勧誘の規制

【「特定商取引法」による通信販売の規制：返品の条件を広告に示していない場合】

「特定商取引法」（1976年制定の「訪問販売法」を2000年に改称）の特定商取引とは訪問販売，通信販売および電話勧誘販売に係る取引，連鎖販売取引，特定継続的役務提供に係る取引，業務提供誘因販売取引ならびに訪問購入に係る取引のことです。通信販売において返品の可否・条件を広告に示していない場合は，8日間は返品可能です（返品費用は消費者が負担する）。消費者があらかじめ承諾しない限り，事業者から消費者へ電子メール広告を送信することは禁止されています。

【「特定商取引法」による電話勧誘の規制：断った人に対する再勧誘は禁止】

電話勧誘販売において契約をしたくないと断った人に対する再勧誘は禁止されています。

6 特定商取引法による中途解約

【「特定商取引法」による中途解約:「特定継続的役務提供」の中途解約料】

「特定商取引法」では,「エステティックサービス(1カ月,5万円を超えるもの:2万円)」「語学教室(2カ月,5万円を超えるもの:1.5万円)」「家庭教師(2カ月,5万円を超えるもの:2万円)」「学習塾(2カ月,5万円を超えるもの:1.1万円)」「パソコン教室(2カ月,5万円を超えるもの:1.5万円)」「結婚相手紹介サービス(2カ月,5万円を超えるもの:3万円)」といった6種類のサービス契約が「特定継続的役務提供」として指定され,クーリング・オフ期間を経過した後でも,つまり利用前,利用後いつでも無条件で中途解約できることと,解約料の上限が定められています。コロン(:)あとの金額は利用前の解約料上限です。サービス利用後は提供されたサービス(利用分)の対価と利用後の解約料上限の合計を支払うことになります。たとえば,家庭教師の契約を中途解約するときに,家庭教師に教えてもらうために必要と説明されて契約した教材も同時に解除することができますが,教材を使用した場合などは,一定の費用を負担する必要があります。

図表４−１　「特定継続的役務提供」の中途解約料の上限

サービスの種類	適用対象 （契約期間・金額）	利用前の解約料上限	利用後の解約料上限
エステティックサービス	１か月 ５万円を超えるもの	２万円	未利用サービス料金の残額の１割か２万円のいずれか低い額
語学教室	２か月 ５万円を超えるもの	１万5,000円	未利用サービス料金の残額の２割か５万円のいずれか低い額
家庭教師	２か月 ５万円を超えるもの	２万円	５万円か月謝相当額のいずれか低い額
学習塾	２か月 ５万円を超えるもの	１万1,000円	２万円か月謝相当額のいずれか低い額
パソコン教室	２か月 ５万円を超えるもの	１万5,000円	未利用サービス料金の残額の２割か５万円のいずれか低い額
結婚相手紹介サービス	２か月 ５万円を超えるもの	３万円	未利用サービス料金の残額の２割か５万円のいずれか低い額

※　利用分については提供された役務への対価と解約料の合計額を支払う。
出所：日本消費者協会［2010］

７　契約トラブルにあったときは

【「契約の取消vs.契約の解除（クーリング・オフ）」の書面例】

　「こんな契約をしたはずではなかった」「そのことを知らされていれば契約しなかった」など不審を感じるときは，自分で判断せず，消費生活センターに相談しましょう。

① 「契約の取消」の書面例

図表4-2 「契約の取消」の書面例

> 取消通知
>
> （自分の住所）○○○○○○○○○○○○
> 　　　　　　　　　　　　（氏名）○○○○○
> （契約先の住所）○○○○○○○○○○○○
> （会社名）○○○○○
> （代表者名）○○○○○殿
>
> 　平成○○年○月○○日に契約した○○○○○○○○○（商品名またはサービス名）は，未成年者の私が親の同意を得ないで行ったもので，取り消します。
> 　支払った○○円は，○○銀行○○支店の普通預金口座○○○○○に振り込んでください。
> 　平成○○年○月○日

出所：日本消費者協会［2010］

② 「契約の解除（クーリング・オフ）」の書面例

図表4－3 「契約の解除（クーリング・オフ）」の書面例

通知書

株式会社○○○○○　代表者　殿

私は貴社と以下の契約をいたしましたが，この契約を解除します。

契約年月日　　平成○○年○月○日
商品名　　○○○○○
契約金額　　○○○○○円
貴社担当者名　　○○○○

なお，支払済みの代金の返金と商品の引き取りを○月○日までにお願いします。

東京都○○区○○町○丁目○番○号
○○○○○（氏名）

出所：日本消費者協会［2010］

【契約トラブルに対するクレームの申し出方法】

　商品が広告に書かれていたような品質のものでなかった場合は，「事業者に連絡する」「事業者が取り合ってくれない場合などは，雑誌広告なら雑誌社，テレビコマーシャルならテレビ局に事情を伝え，連絡を取ってもらう」「JARO（日本広告審査機構）へ情報提供する」「消費生活センターなどに相談する」などの対応をとれば

よいでしょう。

契約トラブルが生じた場合は,「担当者ではなく,責任者に申し出る。」「書面で申し出る。その際,必ずコピーを手元に残す。」「トラブルの証拠品（契約書,保証書,取扱説明書など）は保管し,現場の状況などは,写真やビデオに記録しておく。」「直接交渉で解決しそうにないときは,利害関係のない第三者機関（消費生活センターなど）に相談する。」といった対応を取りましょう。

第5章 インターネット取引のトラブル

1 インターネット・ショッピング

【インターネットを利用しての売買の4つの注意】

インターネットを利用しての売買は「ネットショッピング(インターネット・ショッピング)」と呼ばれ,次のことに気を付けましょう。

① 事前に消費者が承諾しないかぎり,事業者から消費者へ電子メール広告を送信することは禁止されています。

② インターネットのショッピングサイト(インターネット上で買い物ができるホームページ)上での操作ミスにより,意図しない申し込みを行った場合は,契約内容の確認画面がなければ契約の無効を主張できます。

③ クーリング・オフ制度はありませんが,返品の可否・条件を表示していない場合,8日以内に送料を消費者が負担すれば返品できます。

④ JADMAマーク,オンラインマーク,鍵マーク,TradeSafeトラストマークなどのマークがあるサイトを選び,注文したときの条件・確認のメール,領収書などは証拠として残しておきましょう。

⑤ 商品が届いたら,注文した商品であるか,破損がないかをすぐに調べましょう。

2 インターネット・オークション

【インターネット上で行われる競売の4つの注意】

　インターネット上で行われる競売、すなわち出品されている商品を希望者が入札し、指定期間内に最高価格で入札した人がその商品を落札し、購入できる仕組みは、「ネットオークション（インターネット・オークション）」と呼ばれています。「お金を支払ったのに商品が送られてこない」「届いた商品が出品時の説明とは違う」「ブランド品のはずが偽物だった」「商品が破損している」といったトラブルがあります。逆に、ネットオークションに保有している商品を出品し、落札されたときは、「商品を送ったのに支払いがない」といったトラブルがあります。以下のことに気を付けましょう。

① 出品者の過去の取引実績を確認しましょう。

② 商品を落札して代金を支払うときは代金支払いを行う前に、落札してもらって商品を送るときは商品送付を行う前に、取引相手の氏名と、メールアドレス以外の連絡先（住所や固定電話番号など）を確認して事前に連絡を取りましょう。

③ メール、振り込みの控え、宅急便の伝票などの証拠を残しておくようにしましょう。

④ エスクローサービス（出品者と落札者の間の商品の配送、代金の回収を第三者に寄託する仲介サービス）を利用しましょう。

3 インターネットと情報セキュリティー：個人情報を漏らさないための工夫

【個人情報を漏らさないための3つの工夫】

インターネットを利用する際には，以下のような，個人情報を漏らさないための工夫（情報セキュリティー）が必要です。

① アンケートや懸賞募集ではむやみに個人情報を登録しないようにしましょう。

② クレジットカード番号や個人情報を入力する前に，SSL（暗号技術）や個人認証サービスが施されているかどうかを確認しましょう。

③ インターネットカフェや公衆エリア無線LANサービスを利用するときには，クレジットカード番号や個人情報（ユーザー名，パスワードなど）を送受信することは控えましょう。

4 ネット犯罪：フィッシング詐欺とワンクリック詐欺

【フィッシング詐欺】

実在する企業の偽のホームページにアクセスさせて，クレジットカード番号や個人情報（ユーザー名，パスワードなど）を盗み出す行為は「フィッシング詐欺」と呼ばれています。ホームページでの登録にSSL（暗号技術）が採用されているかを確認し，むやみに個人情報を登録しないようにしましょう。

【ワンクリック詐欺】

メールなどを用いてサイトにおびき寄せ、一度だけアクセスさせ、いかにも正当に契約手続きが完了したかのように見せかけて利用料を請求する手口は「ワンクリック詐欺」と呼ばれています。「不用意にサイトにアクセスしない」「メールの内容をよく読んでから利用する」などの注意が必要です。

第6章　サービストラブルと広告を見る眼

1　携帯電話サービス

【携帯電話サービスを利用するときの2つの注意】

① 「携帯電話機を購入する契約」と「通話・通信などを利用するための携帯電話会社への加入契約」を行うときには，契約者は本人特定事項（氏名，生年月日，住所）を虚偽申告してはいけません。

② 自己名義の携帯電話を携帯電話会社に連絡・手続きすることなく譲渡してはいけません。

2　引越しサービス

【引越しサービスを利用するときの4つの注意】

　国土交通省は，消費者の保護を図るために，事業者が記載すべき事項の標準的な内容（見積もり，料金，紛失や破損についての賠償）をあらかじめ定めて公示しています。

① 見積もりは無料で，その際，内金や手付金は必要ありません。できるだけ複数の事業者に下見に来てもらい，見積書を受け取り，比較検討したうえで依頼先を決めましょう。

　電話やインターネットによる見積もりは，荷物の量などが自己申告によるものなので，後でトラブルになりやすく，注意が必要です。

② パソコンなどの壊れやすいものは、事前に申告をしておきます。事前申告のないものについては、賠償の対象にならないことがあります。
③ 事業者は運送などに関して注意を怠らなかったことを証明しないかぎり、損害賠償を行うことになります。ただし、荷物を引き渡されてから3カ月以内に通知しないと事業者の責任は消滅するので、引越し作業中に、作業によって住居や荷物に付いた傷に気づいた場合はその場で申し出、また、引越し後に荷物の紛失・破損に気づいたらすぐに事業者に連絡しましょう。
④ 引越しのキャンセル料は、引越しの前日ならば見積書の運賃部分の10％以内、当日ならば20％以内と定められています。キャンセルした場合、すでに受け取っていたダンボールの返送費用については定めがありません。引越し前にダンボールを受け取る場合は、キャンセル時のダンボールの取り扱いについての確認が必要です。

3　宅配便サービス

【宅配便サービスを利用するときの2つの注意】
① 受取人が不在の場合は、事業者は不在連絡票で通知したうえで荷物を持ち帰って保管することを原則としています。
② 荷物に破損などがあった場合は、責任限度額の範囲内で賠償されます。

4　旅行サービス

【旅行サービスを利用するときの6つの注意】

　旅行サービスは，自然災害や政変などに左右されることもあり，事前に内容を確認できません。申込書と申込金を旅行会社が受け取ったときに契約が成立するのが原則ですが，申込金なしで契約が成立する場合もあります。

① 　事業者が登録業者か，旅行業協会に加盟しているかどうかを確認しましょう。

② 　申込み前に，パックツアーの場合は店頭のパンフレット，オーダーメイド型ツアーの場合は企画書面，手配旅行の場合は申込書にある手配依頼内容と条項をそれぞれ読んで，契約の内容を確認しましょう。

③ 　契約を結ぶと，旅行者には旅行代金の支払いや取り消した場合の取消料の支払いの義務が生じます。取消料が「いつから」「どんな場合に」「いくらかかるのか」を事前に確認しておきましょう。

④ 　旅行先でトラブルにあったら，現地で申し出るようにしましょう。解決できなければ，旅行後すぐに旅行会社に申し出て交渉しましょう。

⑤ 　旅行内容に変更が生じたときは，変更内容に応じて定められた変更補償金が旅行会社から支払われます。ただし，天災地変や戦乱，暴動，官公署の命令，運送・宿泊機関などのサービス提供の中止，当初の運行計画によらない運送サービスの提供，旅行参加者の生命または身体の安全確保のために必要な措置などの場合は

補償されません。

⑥ 旅行の途中で旅行者が急激かつ偶然に身体または携帯品が損害を受けた場合は，旅行会社が一定額を補償してくれます。ただし，旅行日程中，旅行者が無手配日（旅行サービスの提供を受けない日）に生じた事故や，わざと旅行地の法律などに反する行為をしたり，違反するサービスを受けたりしている間に起きた事故に対しては補償されません。

5 広告を見るときの注意
【広告を見るときの9つの注意】

広告は，モノやサービスを選ぶためにはなくてはならないものですが，中には問題のある広告もあり，以下の9つのことに注意しなければなりません。

① **優良誤認：不当表示**

実際より著しく優良，他事業者より著しく優良と誤認（優良誤認）を招く表示は不当表示です。「○○賞受賞」「○○特許取得」とあるが，賞や特許を本当に取っているのか，「日本一」「最高級」「体験談」とあるが，客観的根拠は何か，「○○博士推薦」とあるが，真実か，などを確認しましょう。

② **有利誤認：不当表示**

実際より著しく有利，他事業者より著しく有利と誤認（有利誤認）を招く表示は不当表示です。「特別割引価格での限定販売」とあるが，通常価格と比べて特に割安か，「満足できなければ全額返金」とあるが，返金条件が具体的に明示されているか，などを確認

しましょう。

③ 小さな文字

小さな文字で重要事項が書かれていることも多いので，必ず目を通すようにしましょう。

④ ○○センター，○○研究所など，公的機関のような名称

本当の名称（有限会社○○，○○株式会社など）を確認する必要があります。

⑤ フリーダイヤルやメールアドレスしか掲載されていない

事業者の所在地，電話番号が表示されているか確認する必要があります。

⑥ 飲むだけでやせる，背が伸びる，借金を一本化

やせる，身長を高くする，借金を一本化するなどは，そんなに簡単にできることではありません。虚偽広告であるかもしれないので，注意しましょう。

⑦ 投げ込み広告や折り込みチラシ

投げ込み広告や折り込みチラシがトラブルのきっかけとなることもあります。

⑧ テレビコマーシャルや派手な広告

テレビコマーシャルや派手な広告は，その事業者の信用性を保証するものではありません。広告と信用性は別物です。

⑨ 広告を見て申し込むとき

広告を保管しておくことによって，トラブルが生じたときに問題解決につながることがあります。

第2部 消費者教育の実践：契約，サービス，悪質商法

第7章　悪質商法トラブル

【11個の「悪質商法」：なぜ悪質か】

悪質商法には，キャッチセールス，アポイントメントセールス，SF商法（催眠商法），点検商法，ネガティブオプション（送り付け商法），電話勧誘販売，内職商法，マルチ商法，利殖商法，家庭教師派遣＋学習教材，架空・不当請求などがあります。

上記の11個の商法は次の4つの理由で「悪質商法」とみなされています。悪質商法に対しては「ダメよ。ダメ。ダメ。」と言って，はっきりと断りましょう。

① 事業者は，消費者に声をかけるときに，「事業者名」「販売目的であること」「モノやサービスの種類」などを正しく伝えなければならず，それをしなければ「悪質商法」とみなされます。

② 訪問販売，電話勧誘販売等の場合，事業者は，契約の申し込みを受けたときと契約を結んだときに，「モノやサービスの種類」「数量」「価格」「クーリング・オフの権利」などが書かれた書面を消費者に渡さなければならず，それをしなければ「悪質商法」とみなされます。

③ 契約は「申し込み」と「承諾」という意思表示の一致があって成立し，「承諾」を強いるのは「悪質商法」とみなされます。

④ 訪問販売，電話勧誘販売等の場合，契約を交わさない意思表示をした消費者に対して再度勧誘を行ってはいけません。再度勧誘を行えば「悪質商法」とみなされます。

1　キャッチセールス
【キャッチセールスとは何か】
　販売が目的であることを隠し,「アンケートに答えて」「話を少し聞くだけでいいから」「今なら無料で体験できる」などと,歩いている人に気軽な雰囲気で言葉をかけて呼び止め(つまり,人をキャッチし),不特定多数の人が自由に出入りしない場所(事業者の事務所,個人の住居,カラオケボックス,貸し切り状態の飲食店など)に誘い込み,長時間にわたり言葉巧みに勧めてきたり,断りにくい雰囲気にしたりして,あの手この手で契約させる販売方法です。

2　アポイントメントセールス
【アポイントメントセールスとは何か】
　販売が目的であることを隠し,電話,電子メール,はがきなどによって「抽選で選ばれました」「あなただけ特別に」「○○をプレゼントしますので」など,得をした気分にさせて呼び出し,不特定多数の人が自由に出入りしない場所に誘い込み,長時間にわたり言葉巧みに勧めてきたり,断りにくい雰囲気にしたりして,あの手この手で契約させる販売方法です。

3　SF商法(催眠商法)
【SF商法とは何か】
　「無料でサラダ油を配っています」「健康に関する話をします」などと路上で声をかけられ,近くの臨時に設置されたテントに案内さ

れます。中にはすでに十数人がいて、サラダ油が全員に配られた後、係員の「これ欲しい人、手を上げて」の声に手をあげて醤油をもらいます。徐々に高価なものになっていき、競って手を上げています。最後に磁気マットレスを出し、「本日の目玉商品。腰痛解消。通常50万円のところを今日は特別に20万円。3個限定。」と言われ、契約してしまいました。このように、販売員の巧みな話術によって場の雰囲気を盛り上げ、冷静ではなくなっている消費者に高額な商品を売りつける販売方法は「SF商法（催眠商法）」と呼ばれています。

4　点検商法
【点検商法とは何か】

　突然の訪問を怪しまれないように、「市から委託を受けて家屋の無料診断を行っています」などと言って、点検を口実に家にあがり、「床下に白ありがいる。駆除しないと家が崩壊する」などと不安をあおるようなことを言って、高額な契約を行わせる販売方法は「点検商法」と呼ばれています。点検商法では、点検結果にうそがあり、必要のない工事（リフォーム工事など）やモノ（布団、浄水器、消火器など）を契約させたり、工事がいいかげんであったりするなどのトラブルが見られます。

5　ネガティブオプション（送り付け商法）
【ネガティブオプション（送り付け商法）とは何か】

　知らない事業者から突然、郵便物が送られてきました。開封して見ると、中に書籍が入っていました。「返送されなければ購入の意

思があるとみなします」と書かれた手紙が同封されていました。返送することなく、机の上に置いたままにしておいたら、1週間後に事業者から「返送がなかったので、代金を支払ってもらいます。」との電話がありました。また、慈善団体を装って、寄付を名目に商品（ビデオソフト、新聞、雑誌、書籍など）を送り付けてくることもあります。このように、注文をしていないのに、一方的に商品を送り付けてきて代金を請求する販売方法は「ネガティブオプション（送り付け商法）」と呼ばれています。

【ネガティブオプションへの対応】

　契約は「申し込み」と「承諾」という意思表示の一致があって成立し、商品を送り付ける行為は事業者からの申し込みになるが、消費者が「承諾」しないかぎり契約は成立しません。「承諾」の意思を示さない限り契約は成立しないので、代金を支払う必要もなければ、商品を送り返す必要もありません。「返送されなければ購入の意思があるとみなします」と書かれた手紙が添えられていたとしても、返送しなかったことが「承諾」の意思表示とみなされることはありません。また、中身を見るために開封した行為も「承諾」の意思表示とみなされることはありません。一定の期間（7日間、14日間）は、所有権は事業者（送り主）にあるので、その間は勝手に使用したり、処分したりすることはできません。事業者に商品の引き取りを要請した場合は、請求した日から7日以内に引き取りを要請しなかった場合は商品が送られてきた日から14日以内に事業者が引き取りに来なければ、その商品は自由に処分することができます。

第2部 消費者教育の実践:契約,サービス,悪質商法

6 電話勧誘販売
【電話勧誘販売とは何か】

知らない事業者から突然電話がかかってきました。「就職活動に役立つ○○の資格を取りませんか。」などと通信講座を勧められたが,きっぱりと「けっこうです。」と言って断った。その2日後,振込用紙と一緒に教材が送られてきたので,事業者に電話して「契約したつもりはない。」と言ったら,「『けっこうです』と言って承諾したじゃないか」と言われ,代金の振込みを催促された。このように,突然電話をかけてきて,その電話で言葉巧みに勧誘を行い契約させる販売方法は「電話勧誘販売」と呼ばれています。

【電話勧誘販売への対応】

契約書面を受け取った日から8日以内ならばクーリング・オフできます。クーリング・オフの期間が過ぎてしまっても,うそを言われ,それを信じて締結した契約は取り消すことができます。

7 内職商法
【内職商法とは何か】

パソコンを使用する在宅業務の募集広告を見つけ問い合わせてみると,仕事の内容はデータ入力作業でした。「まずは当社の教材を購入して勉強してもらい,試験を受けて合格したら仕事を紹介する」との説明がありました。教材の価格は50万円と高額であったが,「試験は簡単。仕事はたくさんあるから教材費用はすぐに取り戻せる」と言われました。教材を購入し,受験勉強してやっとのことで

試験には合格しましたが，説明と違って全然仕事が入ってきません。このように仕事を紹介すると勧誘し，「その仕事に必要だから」と言って高額な商品やサービスを販売する方法は「内職商法」と呼ばれています。

【内職商法への対応】

契約書面を受け取った日から20日以内ならばクーリング・オフできます。クーリング・オフの期間が過ぎてしまっても，うそを言われ，それを信じて締結した契約は取り消すことができます。

8　マルチ商法
【マルチ商法とは何か】

知人から「必ずもうかるから，この健康食品を販売する代理店にならないか」と勧誘されました。「代理店になるには登録料として10万円必要だが，健康食品の販売を始めればすぐに取り戻せる。また，知人を誘って代理店登録させれば紹介料がもらえる。」と言われました。代理店になる契約をしましたが，商品は売れず，代理店になってくれる知人もいません。このように組織への入会金（登録料）を支払わせて，組織の商品の販売，他の人の組織への入会の勧誘をしてもらう契約方法は「マルチ商法」と呼ばれています。ねずみ算式に会員を増やしていく「マルチ商法」で確実にもうかるのは組織の上層部にいるごく少数の会員のみです (注1)。

第2部 消費者教育の実践：契約，サービス，悪質商法

（注１） マルチ商法（連鎖販売取引）は取引に商品が流通していますが，「ネズミ講」は取引に商品が流通しないで，新たな入会者が支払うお金が先に入会していた会員に配当される仕組みです。ネズミ講は「無限連鎖講防止法」によって全面的に禁止されています。

【マルチ商法への対応】

契約書面を受け取った日から20日以内ならばクーリング・オフできます。商品を再販売する契約のとき，契約書面より商品の受取りが遅い場合には，商品の受取り日がクーリング・オフの起算日になります。クーリング・オフの期間が過ぎてしまっても，いつでも中途解約でき，もうかるか否かは不確実であるにもかかわらず，「必ずもうかる」と断言され，それを信じて締結した契約は取り消すことができます。入会して1年未満の場合，商品が引き渡されてから90日未満であれば，未使用分は最大1割の負担で返品・解約することができます。

9 利殖商法
【利殖商法とは何か】

突然自宅に訪ねてきた事業者から「商品先物取引は今行えば必ずもうかる。」と言われ，300万円の証拠金を預け，原油の商品先物取引を行いました。しかし，数日後，不安になってきたので，やめようと思い事業者に連絡したら「証拠金の半額しか返金できない」と言われました。このように「必ず利益が出る」など，もうかることばかりを強調して契約させる方法は「利殖商法」と呼ばれています。

【利殖商法への対応】

　金融商品取引法や金融商品販売法では規制されていない商品を訪問販売するときは、特定商取引法で規制され、「将来得られる利益は不確実であるのに確実にもうかる」と断定的判断を押しつけられ、それを信じて交わした契約は取り消すことができます。また、利益をあげることのみが告げられ、損失をこうむることを隠して交わされた契約は取り消すことができます。

10　家庭教師派遣＋学習教材
【「家庭教師派遣＋学習教材」とは何か】

　突然自宅に訪ねてきた事業者から「塾に通うよりも成績があがる。とことん面倒を見る。」と言って、家庭教師の契約を勧めてきたので、3年間の家庭教師派遣と教材費で70万円の契約をしました。ところが1カ月もすると、子供が「やめたい」と言い出したので、中途解約を申し出たが、「教材は解約できない」と言われた。このように、家庭教師派遣（サービス）の契約をするときに、「授業で必要だから」と言って、高額な教材（商品）を売る商法は「家庭教師派遣＋学習教材」と呼ばれています。

　サービス（家庭教師派遣）に商品（学習教材）を伴う契約では、事業者が「サービスと商品は別々の契約である」と主張して、サービスの中途解約にともなう商品の解約には応じないといったトラブルがあります。

第2部　消費者教育の実践：契約，サービス，悪質商法

【「家庭教師派遣＋学習教材」への対応】

　クーリング・オフや中途解約をするときには，サービスの提供にともなって契約した商品も合わせて解約できます。契約書面を受け取った日から8日以内ならばクーリング・オフできます。「いかなる場合でも解約できない」といった条件は無効であり，クーリング・オフの期間が過ぎてしまっても，いつでも中途解約できます（注2）。

（注2）　勧誘時に，無料の家庭教師派遣を強調した説明があっても，「家庭教師派遣＋学習教材」の金額が5万円を超え，サービス提供期間が2カ月を超えていれば，「特定継続的役務提供」（家庭教師派遣＋学習教材）に該当します。

11　架空・不当請求
【架空・不当請求とは何か】

　無料サイトに登録したはずなのに，別の有料サイト（アダルトサイト，出会い系サイトなど）に登録され，「登録ありがとうございます。登録料2万円。3日以内に振込みがなければ自宅に伺います。」という内容のメールが送られてきました。裁判所，債権管理回収業者，弁護士などが関係しているように見せかけ，「自宅に行く」「告訴する」などと脅して，未契約のサービスや商品に対する根拠のない支払いを請求したり，契約は成立しているものの通常では考えられない高額な支払いを請求したりする商法は「架空・不当請求」と呼ばれています。

53

「無料」をうたうサイトが多くあります。しかし，実際に登録してみると，無料なのは登録料のみで利用料は有料だったり，無料サイトに登録したつもりが，同時に複数の有料提携サイトにも登録されていて，根拠のない支払いを請求されることがあります。また，ダウンロードするつもりでクリックしたり，サイトとは知らずに掲示板上のURLをクリックしたら自動的に登録されてしまった場合や，登録の申込みとは知らずに「入場しますか」「18歳未満ですか」などの確認画面で「はい」を選択すると登録されてしまう場合があります。

【架空・不当請求への対応】
　申込みや承諾をする前に内容を再確認する画面がなかったりした場合は，契約は無効です。有料だとはっきりわかる表示ではなかったり，不当に高額な請求に対しては，まずは無視することです。また，連絡をするようにとの要請があっても連絡しないことが大事です。ただし，裁判所から呼出状や支払催促状が送られてきた場合，無視し続けていると支払請求が法的に認められてしまいます。

第3部
消費者教育の関連：金銭教育，環境教育，食育

第8章　金銭教育（金融教育）

1　消費者教育と金銭教育（金融教育）

【消費者教育と金融教育】

　政府の消費者政策会議（消費者保護会議）が消費者教育（金銭教育を含む）を担い，日本銀行の金融広報中央委員会が金融教育を担っています(注1)。

（注1）　2004年6月，「消費者保護会議」は「消費者基本法」の施行に合わせ，「消費者政策会議」と改組されました。

【金融教育の2つの意義：「自立する力」「社会と関わる力」の育成支援】

　日本銀行の金融広報中央委員会によれば，金融教育は次の2つの意義をもっています。

① 「お金を通して生計を管理する基礎を身につけ，それを下に，

将来を見通しながら，より豊かな生き方を実現するため，主体的に考え，工夫し，努力する態度を身につけること」（自立する力の育成支援）
② 「金融・経済のしくみを学び，働くことやお金を使うことなどを通して，社会に支えられている自分と社会に働きかける自分とを自覚して，社会に感謝し，感謝する態度を身につけること」（社会と関わる力の育成支援）

【金融教育の３つの効果：日本銀行の金融広報中央委員会】

　日本銀行の金融広報中央委員会によれば，金融教育は３つの効果をもっています。
① 消費者は多様な金融商品・サービスを利用することによるメリットを十分に享受することが可能になります。
② 金融をめぐるトラブルの発生防止・消費者保護に役立ちます。
③ 健全で合理的な家計の運営およびそれを通じた市場機能の強化に役立ちます。

2　金融商品パンフレットには要注意

【金融商品取引法，金融商品販売法：金融商品に関する法律】

　金融分野での規制緩和により，多様な金融商品が生まれ，それにともなってトラブルも増加しています。投資性のある金融商品を取引する際の利用者保護と，透明で公正な市場づくりなどを目指して，

2007年9月に「金融商品取引法」「金融商品販売法」が施行されました。

金融商品に関する法律（金融商品取引法，金融商品販売法）では，事業者が広告，販売，勧誘，契約する場合のルールが，次のように強化されました。

① 虚偽のことを告げたり，不確実な事項について「必ずもうかる」などの断定的判断を提供して勧誘してはならない。
② 勧誘を要請していない顧客に対して訪問・電話で勧誘してはならない。
③ 顧客が契約を締結しない旨の意思を示した場合には勧誘を継続してはならない。
④ 顧客の知識・経験・財産の状況，契約締結の目的などを踏まえ，その顧客に合った商品を勧誘・販売しなければならない。
⑤ 契約締結前と締結時には，金融商品の仕組みやリスクなどがわかるように記載された書面を交付しなければならない。
⑥ 販売事業者が，契約内容のとくに重要な事項について説明しなかったり，断定的判断などをして消費者が損害を被った場合，消費者は販売事業者に損害賠償の請求ができる。

3 クレジット：個別クレジットvs.包括クレジット
【個別クレジットvs.包括クレジット】

個々の買い物ごとにクレジット契約を結ぶもの（個別クレジット）と，クレジットカードを提示するだけで買い物ができるもの（包括クレジット）があり，どちらの場合もクレジット会社が消費

者に代わってお金を立て替えて支払っています。つまり、クレジットの利用は、消費者がクレジット会社から借金をして買い物をし、分割または一括返済することになります。

【クレジットカードを利用するときの6つの注意】

クレジットカードを利用するときには、以下のことを注意しましょう。
① 契約したクレジット会社の会員規約をよく読みましょう。
② クレジットカードにはサインをし、他人に絶対に貸さないようにしましょう。
③ 購入時には明細を確認してからサインしましょう。
④ カードを盗難・紛失したときのためにクレジット会社の連絡先をメモしておきましょう。
⑤ カードを使ったときは、レシートや明細書は保管しておきましょう。
⑥ 買い物代金の引き落とし日までに預貯金残高を確認しておきましょう。

【クレジットを利用した悪質商法】

近年、クレジットを利用した、次のような悪質商法被害が社会問題になっています。

① 訪問販売での不当な勧誘行為

訪問販売事業者が個別クレジット（個別信用購入あっせん）を使って商品を販売する際に不当な勧誘行為を行ったときは、消費者

は購入契約とクレジット契約を取り消すことができます。消費者は未払金の支払いを拒絶し，既払金の返還を受けることができます。

② 訪問販売での過量販売

通常必要とされる分量を著しく超える量の商品などの購入契約を結んだ場合，契約後1年間はこの契約にかかる個別クレジット契約を解除できます。

③ 過剰与信の禁止

クレジット会社が個別クレジット契約を締結する際は，購入者の年収，預貯金額，債務額などを調査することを義務づけ，支払可能と見込まれる額を超える契約締結を禁止しています。

第9章　環境教育

【消費者問題としての環境問題】

1980年代後半から過剰消費の弊害として，エネルギー問題やゴミ問題が浮上しています。環境問題は，企業と消費者という二者間の対立を超えて取り組まなくてはならない課題です。地球環境を保全するためには，企業のみを責めても効果は薄く，個人のライフスタイルそのものの転換が迫られています。

【9つの地球環境問題】

大量生産・大量消費・大量廃棄の経済社会システムは，便利で快適な生活を支えてきた一方で資源の浪費と環境汚染物質の大量排出を続けてきました。その結果，私たちはいま「地球温暖化」「酸性雨」「オゾン層の破壊」「海洋汚染」「有害物質の越境移動」「砂漠化」「熱帯雨林の減少」「開発途上国の環境破壊」「野生生物種の減少」といった9つの地球環境問題に直面しています。

1　省エネの実践
【節電，節水は二酸化炭素（温室効果ガス）を削減】

限りある資源を有効に使い，温室効果ガスを減らすためにもエネルギーの節約行動，すなわち省エネ行動が求められています。エネルギーには，石油や石炭，水力，原子力，風力など，直接得られる1次エネルギーと，1次エネルギーをほかのエネルギーに転換して

利用する2次エネルギーとがあります。電気は2次エネルギーで,電気使用では二酸化炭素(温室効果ガス)は発生しませんが,電気を作る過程で大量の二酸化炭素を排出しています。また,水道による水の供給には大量の電気を使用しているため,間接的な二酸化炭素の排出源になっています。節電,節水に努めることは二酸化炭素の削減につながります。

【省エネ実践例】

省エネ実践例として次のようなものがあります。

① 冷暖房は適温にする。目安は夏は28度,冬は20度。
② エアコンのフィルターはこまめに掃除する。
③ 使っていない電気製品はコンセントから抜き,待機電力を抑える。
④ 照明のつけっ放しをやめる。
⑤ 冷蔵庫はつめすぎない。
⑥ 冷蔵庫のドアの開閉回数を減らす。
⑦ 鍋ややかんは底の水滴をふいてから火にかける。
⑧ 風呂は続けて入る。
⑨ 電気製品の購入には消費電力の少ないものを選ぶ。

2 グリーンコンシューマー:環境に配慮した消費者

【グリーンコンシューマー:環境に配慮した消費者】

環境負荷(人が環境に与える負担)の少ない商品やサービスを買うことは「グリーン購入」と呼ばれています。環境に配慮した商品

を選択したり，環境を考えて主体的な判断で行動する消費者，環境に配慮したライフスタイルの消費者は「グリーンコンシューマー」と呼ばれています。

【買い物の際，環境に配慮し実践すること：グリーンコンシューマー】
① レジ袋は断り，マイバッグを使う。
② 必要なものを必要な量だけ買う。
③ 「地元産」「旬」のものを選ぶ。
④ 包装ができるだけ少ない商品を選ぶ。
⑤ 再生紙を使用したトイレットペーパーなど，リサイクル商品（再生した原料を使用した商品）を選ぶ。
⑥ ビン牛乳やビンビールなど繰り返し使える容器に入ったものを選ぶ。
⑦ シャンプーや洗剤などは，詰め替え用の商品を選ぶ。
⑧ 使い捨てでなく，長く使えるものを選ぶ。
⑨ 家電製品などは，省資源・省エネルギー型のものを選ぶ。
⑩ エコマークなどの環境ラベル（マーク）が付いたものを選ぶ。
⑪ 近所への買い物は，徒歩や自転車で行く。
⑫ 環境配慮に取り組んでいる店舗や企業の商品を買う。
⑬ リサイクルショップやフリーマーケットなどを利用する。
⑭ 化学物質による環境汚染と健康への影響が少ないものを選ぶ。
⑮ 自然と生物多様性を損なわないものを選ぶ。

3 循環型社会と3Rの実践

【循環型社会と3R(リデュース,リユース,リサイクル)の実践】

地球環境の保全を考えるとき,「循環型社会」の実現は緊急課題です。循環型社会(ゴミを減らし,資源を有効活用する社会)の実現に向け,消費者が日常生活で実践できるものとして,3R(リデュース,リユース,リサイクル),4R(3Rとリフューズ),5R(4Rとリペア)があります。

① リデュース(Reduce)

ムダな消費を減らすことによってゴミを減らすことです。そのためには,「マイバッグを持参して買い物をする」「簡易包装,詰め替え製品を買う」「使い捨て商品を極力避ける」を実践しましょう。

② リユース(Reuse)

同じ用途で繰り返し使用することです。「ビンの回収がある商品を買い,ビンは返す」「リサイクルショップやフリーマーケットを利用する」を実践しましょう。

③ リサイクル(Recycle)

新たな材料や製品に作り替えることです。「廃棄物は決められた資源分別回収に従って出す」「事業者がリサイクルしているものはそれに従う」を実践しましょう。

リフューズ(Refuse)はゴミになるものは断る,ゴミを持ち込まないことです。リペア(Repair)は修理することです。

4　環境に配慮した製品：環境マーク
【「環境マーク」】

　メーカーには環境に配慮した製品の開発・製造が，消費者には環境に配慮した製品を選ぶことが求められています。環境に配慮した製品を選ぶ目安になるのがエコマーク，省エネラベル，グリーンマーク，再生紙利用マーク，ペットボトルリサイクル推奨マーク，PCリサイクルマーク，国際エネルギースターマーク，エコレールマーク，統一省エネラベル，牛乳パック再利用マーク，間伐材マーク，エコガラスマーク，FSCマーク，PEFCマーク，MSCマーク，グリーンプリンティング，グリーンエネルギーマーク，バイオマスマークなどの「環境マーク」です。日本でエコマークが制定されたのは1988年のことで，それは「ライフサイクル全体を通して環境への負荷が少なく，環境保全に役立つと認められた商品につけられる環境ラベル」です。

第3部 消費者教育の関連：金銭教育，環境教育，食育

第10章　食　育

【「食育」：「食」に関する知識と「食」を選択する力】

　健康を維持するには，健全な食生活を行わなければならず，また，食欲（味の楽しみ）は人間の基本的欲求の1つです。健全な食生活の実践と食欲充足には，「食」に関する知識と「食」を選択する力を習得しなければなりません。「食に関する適切な判断力を養い，生涯にわたって健全な食生活を実現することにより，国民の心身の健康の増進と豊かな人間形成に資すること」は「食育」と呼ばれ，「食育」は知育，徳育および体育の基礎として位置づけられています。2005年7月に「食育基本法」が施行されました。

1　「食生活指針」の10項目：厚生労働省
【厚生労働省の「食生活指針」10項目】

　食事は私たちが生活を営むうえでのエネルギー源であり，健全な食生活は健康の維持・増進に役立ちます。厚生労働省は，以下の「食生活指針」10項目を決定しています。

① 食事を楽しみましょう

　「心とからだにおいしい食事を，味わって食べましょう」「毎日の食事で，健康寿命をのばしましょう」「家族の団らんや人との交流を大切に，また，食事づくりに参加しましょう」。

② 1日の食事のリズムから，健やかな生活リズムを

　「朝食で，いきいきした1日を始めましょう」「夜食や間食はとり

すぎないようにしましょう」「飲酒はほどほどにしましょう」。

③ 主食，主菜，副菜を基本に，食事のバランスを

「多様な食品を組み合わせましょう」「調理方法が偏らないようにしましょう」「手作りと外食や加工食品・調理食品を上手に組み合わせましょう」。

④ ごはんなどの穀類をしっかりと

「穀類を毎食とって，糖質からのエネルギー摂取を適正に保ちましょう」「日本の気候・風土に適している米などの穀類を利用しましょう」。

⑤ 野菜・果物，牛乳・乳製品，豆類，魚なども組み合わせて

「たっぷり野菜と毎日の果物で，ビタミン，ミネラル，食物繊維をとりましょう」。

⑥ 食塩や脂肪は控えめに

「塩辛い食品を控えめに，食塩は1日10ｇ未満にしましょう」「脂肪のとりすぎはやめ，動物，植物，魚由来の脂肪をバランスよくとりましょう」「栄養成分表示を見て，食品や外食を選ぶ習慣を身につけましょう」。

⑦ 適正体重を知り，日々の活動に見合った食事量を

「太ってきたかなと感じたら，体重を量りましょう」「普段から意識して身体を動かすようにしましょう」「美しさは健康から。無理な減量はやめましょう」「しっかりかんで，ゆっくり食べましょう」。

⑧ 食文化や地域の産物を活かし，ときには新しい料理も

「地域の産物や旬の素材を使うとともに，行事食を取り入れながら，自然の恵みや四季の変化を楽しみましょう」「食文化を大切に

して，日々の食生活を活かしましょう」「食材に関する知識や料理技術を身につけましょう」「ときには新しい料理を作ってみましょう」。

⑨ 調理や保存を上手にして無駄や廃棄を少なく

「買いすぎ，作りすぎに注意して，食べ残しのない適量を心がけましょう」「賞味期限や消費期限を考えて利用しましょう」「定期的に冷蔵庫の中身や家庭内の食材を点検し，献立を工夫して食べましょう」。

⑩ 自分の食生活を見直してみましょう

「自分の健康目標をつくり，食生活を点検する習慣を持ちましょう」「家族や仲間と，食生活を考えたり，話し合ったりしてみましょう」「学校や家庭で食生活の正しい理解や望ましい習慣を身につけましょう」「子どものころから，食生活を大切にしましょう」。

2 食品の表示

【食品の表示：飲食料品の品質表示基準制度】

すべての飲食料品について品質表示基準制度があり，表示が義務づけられています。

① 生鮮食品の表示

販売されているすべての生鮮食品には，必ず「名称」と「原産地」が表示されています。水産物の「原産地」とは水揚げされた港がある地域です。

② 加工食品の表示

「名称」「原材料名」「内容量」「期限」「保存方法」「製造者」など

が表示されています。原材料名は使用した重量の多い順に表示され，食品添加物も原材料として表示されます。店頭で量り売りされる総菜や飲食店で提供される食品への表示義務はありません。「消費期限」は未開封の状態で保存方法通りに保存した場合に，品質が保持される期限です。「賞味期限」は品質が比較的長く保持される食品に表示され，この期限を過ぎたからといってすぐに食べられなくなるわけではありません。

③ **アレルギー物質を含む食品に関する表示**

食物アレルギー患者の増加により，7品目の原材料が必ず表示され，20品目の原材料が表示を推奨されています。

④ **有機食品の表示**

「有機農産物」とは，種蒔き前または植え付け前2年以上にわたり，農薬や化学肥料を使用していない田畑で生産されたものです。有機JASマークの認証があるものは「有機」や「オーガニック」などと表示することができます。

⑤ **遺伝子組換え食品の表示**

品質の改善や耐病性などを目的に，ほかの生物の遺伝子を組み込んで生産した農作物や，それを原料とする加工食品が遺伝子組換え食品です。大豆，とうもろこし，ばれいしょ，なたね，綿実，アルファルファ，てんさい，パパイヤの8品目が対象です。

3 食品の分類：医薬品，保健機能食品，一般食品

【食品の3つの分類：医薬品，保健機能食品，一般食品】

　食品は，医薬品（医薬部外品を含む），保健機能食品，一般食品（いわゆる健康食品を含む）に大別され，保健機能食品は特定保健用食品（トクホ：個別許可型）と栄養機能食品（規格基準型）に分類されます。サプリメント（栄養補助食品）は，錠剤やカプセルなど，通常の食品の形態ではありませんが，これも一般食品に含まれます。

　保健機能食品以外の食品について，保健機能食品と思わせるような紛らわしい名称や栄養成分の機能，特定の保健の目的が期待できるといった表示はできません。

① 特定保健用食品

　「お腹の調子を整える」など，特定の保健の目的が期待できることを表示できる食品です。厚生労働省の許可マークがつけられています。

② 栄養機能食品

　身体の健全な成長，発達，健康の維持に必要な栄養成分（ミネラル，ビタミンなど）をとれないとき，その補給・補完のために利用する食品です。国が定めた規格基準に適合する必要はありますが，適合すれば国などへの許可申請や届出の必要はなく，製造・販売することができます。

4 食品の安全

【食品の安全性】

食品は生命の安全に深くかかわっているので、安全性が強く求められます。

① 食品に残留する農薬

原則として、すべての農薬などの残留基準が設定され、農薬などが基準を超えて、食品（生鮮食品、加工食品、輸入食品を含むすべての食品）中に残留する場合は、流通・販売が禁止されています。

② 食中毒

わが国の食中毒のほとんどが細菌性食中毒です。予防法は、食中毒の原因菌を「つけない（清潔）」「増やさない（迅速・冷却・乾燥）」「殺す（加熱）」ことです。

図表10－1　主な食中毒の種類と予防法

種類	原因となるもの		予防法
細菌性	感染型	腸炎ビブリオ、サルモネラ菌、病原性大腸菌など	扱う前には手をよく洗う。低温で保存し、菌の増殖を防ぐ。十分加熱する。
	毒素型	ブドウ球菌、ボツリヌス菌など	化膿した手で食品を扱わない。調理後はできるだけ早く食べる。
自然毒	ソラニン（ジャガイモの芽）、テトロドトキシン（ふぐ毒）、キノコ毒など		ジャガイモは芽を取り除く。ふぐは免許のある人が調理する。キノコは確実に安全なもの以外は食べない。
ウイルス	ノロウイルス（二枚貝などの貝類）など		扱う前にはよく洗う。加熱する。
化学物質	PCB、有害重金属（水銀、カドミウムなど）など		食品の汚染状況を知る。食品を食品用ではない容器に移し替えない。

出所：日本消費者協会［2010］

5 フードマイレージと食品ロス

【フードマイレージ】

「フードマイレージ」は輸入食料が環境に与えている負荷を数値化したものであり，生産国から消費国に向けられた食料の量（トン）に輸送距離（km）をかけて算出されます。

【食品ロス】

まだ食べられるのに捨てられる食品は「食品ロス」と呼ばれ，食品ロス削減のために，消費者は「食材を買いすぎない」「賞味期限を過ぎてもすぐには捨てない」「食べる分だけ調理する」などの行動をとらねばなりません。食品関連企業などから，品質に問題がないとしながらも，廃棄せざるを得なくなった食品を提供してもらい，食品を必要としている人たちに分配する活動は「フードバンク活動」と呼ばれています。

終　章
消費者教育の目的，定義，基本理念：「消費者教育の推進に関する法律」

【「消費者教育の推進に関する法律」】

　消費者教育を総合的・一体的に推進することを目指して，2012年（平成24年）12月，「消費者教育の推進に関する法律」が施行されました。同法の第1条は消費者教育の目的，第2条は消費者教育と消費者市民社会の定義，第3条は消費者教育の基本理念，第4条は国の責務，第5条は地方公共団体の責務，第6条は消費者団体の努力，第7条は事業者及び事業者団体の努力，第8条は財政上の措置等をそれぞれ規定しています。

1　消費者教育の目的：「消費者教育の推進に関する法律」第1条

【「消費者教育の推進に関する法律」の第1条：消費者教育の目的】

　「消費者教育の推進に関する法律」の第1条は，「この法律は，消費者教育が，消費者と事業者との間の情報の質及び量並びに交渉力の格差等に起因する消費者被害を防止するとともに，消費者が自らの利益の擁護及び増進のため自主的かつ合理的に行動することがで

終章　消費者教育の目的，定義，基本理念：「消費者教育の推進に関する法律」

きるようその自立を支援する上で重要であることに鑑み，消費者教育の機会が与えられることが消費者の権利であることを踏まえ，消費者教育に関し，基本理念を定め，並びに国及び地方公共団体の責務等を明らかにするとともに，基本方針の策定その他消費者教育の推進に関し必要な事項を定めることにより，消費者教育を総合的かつ一体的に推進し，もつて国民の消費生活の安定及び向上に寄与することを目的とする。」と規定しています。

すなわち，同法は消費者教育の機会が与えられることが消費者の権利であるとしたうえで，消費者教育の目的は，第1に，消費者と事業者との間の情報の質・量の格差，交渉力の格差から生じる消費者被害を防止すること，第2に，消費者の自立（消費者が自らの利益の擁護・増進のために自主的かつ合理的に行動することができる）を支援することです。

2　消費者教育の定義：「消費者教育の推進に関する法律」第2条

【「消費者教育の推進に関する法律」の第2条第1項：消費者教育の定義】

同法の第2条第1項は，「この法律において『消費者教育』とは，消費者の自立を支援するために行われる消費生活に関する教育（消費者が主体的に消費者市民社会の形成に参画することの重要性について理解及び関心を深めるための教育を含む。）及びこれに準ずる啓発活動をいう」と規定しています。

すなわち，消費者教育とは，「消費者の自立を支援するために行

われる消費生活に関する教育」「消費者が主体的に消費者市民社会の形成に参画することの重要性について理解・関心を深めるための教育」のことです。

【「消費者教育の推進に関する法律」の第２条第２項：消費者市民社会の定義】

同法の第２条第２項は、「この法律において、『消費者市民社会』とは、消費者が、個々の消費者の特性及び消費生活の多様性を相互に尊重しつつ、自らの消費生活に関する行動が現在及び将来の世代にわたって内外の社会経済情勢及び地球環境に影響を及ぼし得るものであることを自覚して、公正かつ持続可能な社会の形成に積極的に参画する社会をいう。」と規定しています。

すなわち、消費者市民社会とは、「個々の消費者の特性及び消費生活の多様性を相互に尊重する」「自らの消費生活に関する行動が現在及び将来の世代にわたって内外の社会経済情勢及び地球環境に影響を及ぼし得るものであることを自覚する」「公正かつ持続可能な社会の形成に積極的に参画する」社会です。

３　消費者教育の基本理念：「消費者教育の推進に関する法律」第３条

【「消費者教育の推進に関する法律」の第３条：消費者教育の基本理念】

同法第３条は７つの項からなり、消費者教育の基本理念を規定しています。すなわち、

終章　消費者教育の目的，定義，基本理念：「消費者教育の推進に関する法律」

第1項

「消費者教育は，消費生活に関する知識を修得し，これを適切な行動に結び付けることができる実践的な能力が育まれることを旨として行わなければならない。」

第2項

「消費者教育は，消費者が消費者市民社会を構成する一員として主体的に消費者市民社会の形成に参画し，その発展に寄与することができるよう，その育成を積極的に支援することを旨として行わなければならない。」

第3項

「消費者教育は，幼児期から高齢期までの各段階に応じて体系的に行われるとともに，年齢，障害の有無その他の消費者の特性に配慮した適切な方法で行わなければならない。」

第4項

「消費者教育は，学校，地域，家庭，職域その他の様々な場の特性に応じた適切な方法により，かつ，それぞれの場における消費者教育を推進する多様な主体の連携及び他の消費者政策（消費者の利益の擁護及び増進に関する総合的な施策をいう。（中略））との有機的な連携を確保しつつ，効果的に行わなければならない。」

第5項

「消費者教育は，消費者の消費生活に関する行動が現在及び将来の世代にわたって内外の社会経済情勢及び地球環境に与える影響に関する情報その他の多角的な視点に立った情報を提供することを旨として行わなければならない。」

第6項

「消費者教育は,災害その他非常の事態においても消費者が合理的に行動することができるよう,非常の事態における消費生活に関する知識と理解を深めることを旨として行わなければならない。」

第7項

「消費者教育に関する施策を講ずるに当たっては,環境教育,食育,国際理解教育その他の消費生活に関連する教育に関する施策との有機的な連携が図られるよう,必要な配慮がなされなければならない。」

すなわち,消費者教育の基本理念は次の7つです。

① 消費生活に関する知識を修得し,これを適切な行動に結び付けることができる実践的な能力を育む:"ひとりで解決(自立・自助)"

② 消費者市民社会の形成に参画し,その発展に寄与する:"みんなで解決(共助)"

③ 消費者の特性に配慮する:"ひとりで解決(自立・自助)""みんなで解決(共助)"

④ 場の特性に配慮し,連携する:"ひとりで解決(自立・自助)""みんなで解決(共助)"

⑤ 消費者行動が現在及び将来の世代にわたって内外の社会経済情勢及び地球環境に与える影響に関する情報を提供する。

⑥ 非常の事態における消費生活に関する知識と理解を深める。

⑦ 環境教育,食育,国際理解教育などとの連携。

終章　消費者教育の目的，定義，基本理念：「消費者教育の推進に関する法律」

4　学校消費者教育 vs. 一般消費者教育：消費者教育のライフステージ

【「消費者教育の推進に関する基本的な方針」：2013年6月閣議決定】

　2004年6月に消費者の保護を重視する「消費者保護基本法」から，消費者の自立を重視する「消費者基本法」に変わり，消費者の自立を支援するために，消費者教育を受ける権利が明確化されました。消費者教育を受ける権利が明確化されると，消費者教育をどのように推進すればよいのかが課題となり，2013年6月閣議決定された「消費者教育の推進に関する基本的な方針」は，2013年度から2017年度までの5年間を対象として，消費者教育の推進の意義および基本的な方向，推進の内容，関連する他の消費者政策との連携に関する事項を定めています。

【消費者教育のライフステージ】

　国民はすべて消費者であり，生涯学習としての消費者教育が必要とされています。すなわち，消費者教育は，人間の発達段階に応じて，家庭，学校，地域社会（職場を含む）がその相互の連携によって系統的に行われる必要があり，生涯学習に位置付けられています。

【社会教育：「消費者行政 vs. 社会教育行政」の消費者教育】

　「社会教育」は，学校教育法で定める学校の教育課程として行われる教育活動を除き，主として青少年および成人に対して行われる

組織的な教育活動と定義され,「社会教育法」(1949年) 第3条 (国及び地方公共団体の任務) は「国及び地方公共団体は, (中略) すべての国民があらゆる機会, あらゆる場所を利用して, 自ら実際生活に即する文化的教養を高め得るような環境を醸成するように努めなければならない。」と規定しています。

消費者行政が実施する消費者教育は広義の社会教育, 社会教育行政が実施する消費者教育は狭義の社会教育とそれぞれ呼ばれています。消費者行政による消費者教育は, 消費生活センターなどを担い手とした「集める講座」「届ける講座」として行われ, 社会教育行政による消費者教育は, 婦人学級などの学習で一部取り組まれているのみです。

【「学校教育vs.一般教育」における消費者教育：家庭, 学校, 地域社会】

日本の消費者教育は, 社会教育としての消費者行政による消費者教育が先んじて進み, 学校での消費者教育は遅れがちです。

① 家庭における消費者教育

家庭における消費者教育については, 親の消費者教育者としての力には差があります。

② 学校における消費者教育

学校は「平和で民主的な国家及び社会の形成者として必要な資質を備えた心身ともに健康な国民の育成」(「教育基本法」第1条 (教育の目的)) を担い, 学校教育は人格の完成をめざしていますが, 受験体制下, 入学試験対策中心の知識を詰め込み, 消費者としての

資質・能力を身につけるための教育を軽視しています。

③ 地域社会(職場を含む)における消費者教育

住民の身近で行われる地域の消費者教育は、市町消費生活センターや消費者団体、事業者等がそれぞれの立場から講座やセミナー、啓発活動を行っています。しかし、学校を卒業してからの社会人学習では、提供された情報や講座内容を消費者トラブルの対症療法として役立てるにとどまり、消費者問題の本質を認識し、消費者能力を高めるのは難しいです。

図表終－1　兵庫県内市町の消費者教育実施内容(2013年)

消費者教育実施内容	実施市町数・割合	
出前講座・講習会等の実施	41	100.0%
啓発パンフレット等作成配布	19	46.3%
子ども・若者向け教材作成配布	11	26.8%
イベント・キャンペーンの実施	19	46.3%

出所：兵庫県「市町における消費者教育実施状況調査」2013年7月

5　消費者・企業・行政と消費者教育：消費者教育の実施主体

【「米国vs.日本」の消費者教育】

消費者教育先進国である米国においては「学校→消費者団体→行政→企業」の順番で、日本においては「企業→行政→消費者団体→学校」の順番で、消費者教育がそれぞれ行われています。日本において、消費者教育という言葉が公に使われはじめたのは、1950年代に入ってから企業においてです(1958年の「消費者教育委員会」：

日本生産性本部)。

【米国における消費者教育の実施主体：消費者教育の4者合意システム】

米国では，学校，消費者，行政，企業の4者がそれぞれの役割を果たしながら，消費者教育をシステマティックに行っています。
① 企業：消費者教育用の資料を提供する。
② 行政：消費者教育計画や研究の財政的援助を行う。
③ 消費者：消費者教育計画の企画・立案・運営に参加する。
④ 学校：消費者教育を推進する。

そして，リソースセンターにおいて，カリキュラムの作成，教材の製作，教員の養成など，消費者教育に関する人的・物的資源がいつでも利用できる形で整備されていて，4者合意システムの消費者教育づくりに大きな役割を果たしています。

【企業による消費者教育】

企業の消費者教育は情報提供中心であり，自社のモノ・サービスに対するファンづくりのために主に一般成人向けの消費者教育を行っています。企業の情報提供は，広義には消費者教育といえますが，それは販売促進のためのものにとどまり，企業にとって不利な情報は提供されにくくなっています。企業が果たす消費者教育の責務は，消費者情報の提供であり，その範囲をいっそう拡大して，消費者の求める情報を提供する方向にもってゆくことであり，個別企業の情報を一般化した情報提供にすることも重要です。

終章　消費者教育の目的，定義，基本理念：「消費者教育の推進に関する法律」

　公益社団法人消費者関連専門家会議（ACAP）はお客様相談室を有する企業等が参画する団体であるが，消費者教育に取り組んでいる企業はそのうち約6割です。ACAP「企業における消費者啓発・教育調査」（2012年9月）によれば，消費者教育・啓発に取り組む上での課題は，質的・量的に人材不足71.1％，活動資金47.8％，経営者の理解37.9％，担当部門がない32.2％，教育現場で自社の担うべき役割がわからない25.2％，啓発・教育の手法がわからない22.3％，啓発・教育すべき内容がわからない17.6％，その他4.7％です。

図表終－2　企業の消費者向け啓発活動への取組内容

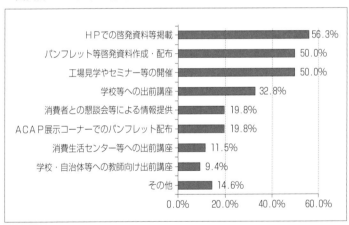

出所：ACAP「企業における消費者啓発・教育調査」（2012年9月）

【消費者団体による消費者教育】

　消費者団体は，消費者が自らの消費生活を防衛し，消費者問題を解決するために団結して活動している市民組織です。消費者団体は，自立した消費者の自由な欲求によって組織されるものであり，自発性，自主性がその生命です。消費者団体による消費者教育のねらいは，自覚した消費者への自己形成を援助することです。

あとがき

【本書vs.新しい消費者教育】

　本書の構成はこれまでの消費者教育の視点からは標準と思っているが，私は本書を書き終えて，新しい消費者教育をめざしたいと思っています。

　これまでの消費者教育は本書第２部で典型的に見られるように「消費者トラブルに巻き込まれないようにするための教育」であるが，これは「世の中には騙す人がたくさんいるので，騙されないように気をつけましょう」という，何らの価値を生まない教育です。

　私の目指したい新しい消費者教育は，「消費者としての選択（買い）が良い商品を増やし，良い企業を育て，良い社会を作る」という認識のもとで，社会的価値を生み出すものです。

【政治的投票vs.経済的投票】

　現在，選挙権は20歳以上に与えられているので，大学生の中には選挙権のある人とない人がいます。選挙権のある人は，選挙の際に投票（政治的投票）することによって，良い社会を作ることに参画できます。では，選挙権のない人は，良い社会を作ることに参画できないのでしょうか。

　否です。すべての大学生は経済的投票を行うこと，すなわち消費者として何を購入するかによって経済社会を動かすことができます。政治的投票は投票日のみに行われるが，経済的投票は毎日行われ，毎日毎日の消費生活は「デイリー・デモクラシー」の実践とみなす

ことができます。

　消費者一人ひとりが良いものを買えば，良いものを作っている企業を育てることができます。悪いものを買わなければ，悪いものを作っている企業を良い企業に変えることができます。正しい消費選択は正しい社会を作り，誤った消費選択は悪い社会を作ります。「世の中が悪いのだ」と嘆くのではなく，正しい消費選択により，良い世の中を作りましょう。そのように導くことが新しい消費者教育の目指すべきものであると思います。

＜参考文献＞

秋山まゆみ「消費者を主役とした地方消費者行政の機能と役割」(岩本・谷村編 [2013] 第6章)。
岩本諭「日本の消費者市民社会」(岩本・谷村編 [2013] 第2章)。
岩本諭「消費者の権利と責任」(岩本・谷村編 [2013] 第8章)。
岩本諭・谷村賢治編『消費者市民社会の構築と消費者教育』晃洋書房，2013年。
奥谷めぐみ「デジタル環境が変える若者の消費者行動と対策」(岩本・谷村編 [2013] 第12章)。
柿野成美「『消費者市民社会』をめぐる国際的潮流」(岩本・谷村編 [2013] 第1章)。
柏木信一「消費生活における商品・サービスの安全性と安心」(岩本・谷村編 [2013] 第10章)。
国民生活審議会消費者政策部会「21世紀型の消費者政策の在り方について」2003年。
篠塚致子「子どもを抱えた家計の実態と課題」(岩本・谷村編 [2013] 第11章)。
谷村賢治「消費者市民社会の構図」(岩本・谷村編 [2013] 第4章)。
谷村賢治「企業広告と影響力」(岩本・谷村編 [2013] 第7章)。
戸田清「消費と環境」(岩本・谷村編 [2013] 第3章)。
内閣府『国民生活白書（平成20年版） 消費者市民社会への展望－ゆとりと成熟した社会構築に向けて－』2008年。
内閣府国民生活局「21世紀型の消費者政策の在り方について」2003年。
西村隆男『日本の消費者教育 その生成と発展』有斐閣，1999年。
（財）日本消費者協会 消費者力検定委員会編『消費者力検定 受験対策テキスト（2010改訂版）』2010年。
森泉章・池田真朗編『消費者保護の法律問題』勁草書房，1994年。
山口由紀子「消費者市民社会における消費者行政」(岩本・谷村編 [2013] 第5章)。
山口由紀子「食料消費と食育」(岩本・谷村編 [2013] 第9章)。
山田博文・前田裕貴「日本の消費者教育の歴史と課題」『群馬大学教育学部紀要（人文・社会科学編）』第61巻，2012年，pp.65－77。
米川五郎・高橋明子・小木紀之編『消費者教育のすすめ（新版）』（有斐閣選書）有斐閣，1994年。

□■□　著者紹介　□■□

滝川　好夫（たきがわ・よしお）

1953年　　　　兵庫県に生まれる。
1978年　　　　神戸大学大学院経済学研究科博士前期課程修了（矢尾次郎ゼミ）。
1980～82年　　アメリカ合衆国エール大学大学院。
1993～94年　　カナダブリティシュ・コロンビア大学客員研究員。
現　在　　　　神戸大学大学院経済学研究科教授（金融経済論，金融機構論）。

関連著書

『金融に強くなる日経新聞の読み方』PHP研究所，2001年。

『金融マン＆ウーマンのための金融・経済のよくわかるブック』税務経理協会，2001年。

『自己責任時代のマネー学入門』日本評論社，2005年。

『資本主義はどこへ行くのか　新しい経済学の提唱』PHP研究所，2009年。

『大学生協のアイデンティティと役割　協同組合精神が日本を救う』日本経済評論社，2012年。

著者との契約により検印省略

| 平成27年3月20日　初版第1刷発行 | **消費者力アップセミナー**
大学生のための消費生活リテラシー |

	著　者	滝　川　好　夫
	発行者	大　坪　嘉　春
	印刷所	税経印刷株式会社
	製本所	牧製本印刷株式会社

| 発行所 | 〒161-0033　東京都新宿区
下落合2丁目5番13号
振　替　00190-2-187408
ＦＡＸ　(03)3565-3391
URL　http://www.zeikei.co.jp/
乱丁・落丁の場合は，お取替えいたします。 | 株式会社　**税務経理協会**
電話　(03)3953-3301（編集部）
　　　(03)3953-3325（営業部） |

Ⓒ　滝川好夫　2015　　　　　　　　　　　　　　　　Printed in Japan

本書の無断複写は著作権法上での例外を除き禁じられています。複写される場合は，そのつど事前に，(社)出版者著作権管理機構（電話 03-3513-6969, FAX 03-3513-6979, e-mail：info@jcopy.or.jp）の許諾を得てください。

JCOPY ＜(社)出版者著作権管理機構　委託出版物＞

ISBN978-4-419-06232-3　C3036